Gabriele Hauer/Achim Schüller/Jochen Strasmann

Kompetentes Human Resources Management

Gabriele Hauer/Achim Schüller
Jochen Strasmann

Kompetentes Human Resources Management

Lösungen für Personalverantwortliche
in einer veränderten Unternehmenswelt

GABLER

Die Deutsche Bibliothek – CIP-Einheitsaufnahme
Ein Titeldatensatz für diese Publikation ist bei
Der Deutschen Bibliothek erhältlich

1. Auflage Januar 2002

Alle Rechte vorbehalten
© Betriebswirtschaftlicher Verlag Dr. Th. Gabler GmbH, Wiesbaden 2002

Lektorat: Ulrike M. Vetter

Der Gabler Verlag ist ein Unternehmen der Fachverlagsgruppe BertelsmannSpringer.
www.gabler.de

Umschlaggestaltung: Nina Faber de.sign, Wiesbaden

Gedruckt auf säurefreiem und chlorfrei gebleichtem Papier

ISBN 978-3-409-11814-9   ISBN 978-3-322-90660-1 (eBook)
DOI 10.1007/978-3-322-90660-1

Vorwort

Die rasante Entwicklung des Entstehens sowie des Verschwindens eines Phänomens, das mehrheitlich als „New Economy" bezeichnet wird, verbietet im Grunde die detaillierte schriftliche Auseinandersetzung mit dem Thema in der etablierten Form des Praktikerhandbuchs. Zu schnell wechseln die Rahmenbedingungen und das, was gestern noch gültig war, hat heute schon keinerlei Relevanz mehr.

Dass die Autoren sich dennoch entschlossen haben, einen Wegweiser durch das Dickicht der neuen Moden im Bereich des Human Resources Management zu entwerfen, ist darauf zurückzuführen, dass sie eine gemeinsame Überzeugung teilen. Diese lässt sich kurz und prägnant in der Aussage zusammenfassen, dass ohne die Entwicklung der New Economy eine beschleunigte Neupositionierung der Human-Resources-Bereiche kaum denkbar gewesen wäre oder zumindest nur erheblich verzögert stattgefunden hätte. Auf dieser Überzeugung fußt der nachfolgende Text, der ohne die tatkräftige Mithilfe vieler Freunde kaum zustande gekommen wäre.

Der Dank der Autoren geht daher zunächst und vor allem an Ulrich Jennebach, der nicht nur in rasender Geschwindigkeit, sondern auch mit größtem Einfühlungsvermögen und hoher Sachkenntnis dafür sorgte, dass die Abbildungen im Text den heutigen Anforderungen des computerunterstützten Designs und Layouts entsprechen. Des Weiteren richtet sich der Dank an alle, die durch inhaltliche Hinweise, Ergänzungen oder korrigierende Eingriffe maßgeblich zum Gelingen beigetragen haben. Insbesondere sollen hier Petra Rutz und Anne Steiner erwähnt werden, die für manche kritische Anregung und damit für einige neue Ideen sorgten. Sylvia Hippel, die in einem frühen Stadium viel Schreib- und Koordinationsarbeit übernommen hat, sei ebenso gedankt.

Wie immer, wenn ein Buch parallel zu beruflicher Tätigkeit entsteht, tragen die Familien der Autoren die größte Last. Für deren Unterstützung und Akzeptanz des Projektes danken die Autoren ganz besonders.

Gabriele Hauer
Achim Schüller
Jochen Strasmann

Inhalt

Einleitung

„Human Resources", besser bekannt als Personalmanagement, ist ein Bereich, der in vielen Unternehmen ein sehr bescheidenes Dasein fristet. Die Gründe hierfür sind vielfältig und teilweise von historischen Rahmenbedingungen geprägt.

Dieses Buch vertritt die These, dass die vielfach geäußerte Meinung vom Ende des Human Resources Management grundsätzlich falsch ist! In diesem Sinne führen die Autoren mit dem Leser einen Dialog, aus dem schlüssig hervorgeht, dass den Human-Resources-Bereichen eine Metamorphose bevorsteht, die von einigen Unternehmen unter den Rahmenbedingungen der sogenannten „New Economy" in Ansätzen bereits beschleunigt vorgenommen wurde.

Grundlage hierfür ist die Vernetzung des Personalbereiches weit über das klassische Verständnis eines internen Servicebereichs hinaus. Personaler im neuen Sinne werden zu Business-Partnern der Unternehmensleitung und Experten für verschiedene Bereiche des Unternehmens wie zum Beispiel Wissensmanagement.

Im vorliegenden Text werden sowohl die Grundlagen eines solchen Verständnisses von „Human Resources" erarbeitet als auch Beispiele aus der Unternehmenspraxis diskutiert, die in praktischer Weise deutlich machen, welche Veränderungsperspektiven Human-Resources-Abteilungen heute haben.

Des Weiteren wird die These vertreten, dass die Entwicklung der „New Economy" eine notwendige Bedingung zur Definition eines neuen Selbstverständnisses von „Personalabteilungen" dargestellt und für eine beschleunigte Neupositionierung in vielen Unternehmen gesorgt hat und noch weiter sorgen wird. Eine solche Entwicklung wurde insbesondere durch die Tatsache begünstigt, dass herkömmliche Konzepte aus dem Bereich des Personalwesens unter den Rahmenbedingungen der New Economy sich nicht mehr als sinnvoll erwiesen und daher eine Neudefinition erfahren mussten.

Diese Veränderung ist durchaus einem Paradigmenwechsel ähnlich, der, bei aller Skepsis in der Betrachtung der Auswirkungen der New Economy auf das gesamtökonomische System, ohne das grundsätzliche Infragestellen kompletter etablierter Wertschöpfungsketten kaum möglich gewesen wäre.

So gehen die zukünftigen Fragestellungen weit über das Verständnis üblicher Personalarbeit hinaus und die lang diskutierte Frage „Human Resources - quo vadis?" erhält multiple Antworten aus makroökonomischer Perspektive. Damit werden beispielsweise Fragen der Mitarbeiterrekrutierung, -entwicklung und -bindung in der Post-

New-Economy-Ära ebenso andere Antworten bzw. (Re-)Aktionsweisen erfordern als vor dieser Entwicklung. Auch wenn die New Economy heute weitgehend als Strohfeuer im Rahmen des ökonomischen Gesamtkontextes gewertet wird, so ist sie doch ein maßgeblicher Impulsgeber für all' jene Entwicklungen geworden, die die Geschwindigkeit und die Reihenfolge organisationaler Abläufe insbesondere im Human-Resources-Bereich betreffen.

Dadurch wird auch die Frage nach der Kernkompetenz von Human Resources wieder neu gestellt bzw. überraschend anders beantwortet. Schließlich hat sich durch die unerwartete Auf- und Abwärtsentwicklung der Inernet-Firmen die Frage nach interner Prozessflexibilität bei Human Resources Abteilungen deutlicher gestellt als in irgendeinem anderen Bereich der neuen Unternehmen (von der Unternehmensführung abgesehen).

In einem Essay, das auch im Internet erschienen ist, haben sich kürzlich Eva Buchhorn, Henrik Müller und Christian Rickens (2001) Gedanken zu der Flüchtigkeit der Erfolge der so genannten New Economy gemacht. Sie kommen dabei zu höchst interessanten Schlussfolgerungen, die auch für die vorliegende Betrachtung des Segments Human Resources Management von hoher Relevanz sind: Sie postulieren, dass das Internet unsere Welt erheblich nachhaltiger verändern wird, als uns das die Propheten der ersten Boomjahre vorgerechnet haben. Man braucht in den Tagen massiver Korrekturen und Abstürze der ökonomischen Kernzahlen der allermeisten Internet- oder allgemeiner New Economy-Unternehmen schon viel Mut, um eine solche These aufzustellen. Dort, wo sich allenthalben Ernüchterung und Enttäuschung breit gemacht hat, von nachhaltiger Veränderung zu sprechen, ist sicherlich zur Zeit nicht üblich.

Im Einzelnen korrigieren die Autoren unseren Blick für sieben „Internet-Mythen":

1. Hierarchiefreiheit gibt es auch in New-Economy-Unternehmen nicht. Hierarchien entstehen üblicherweise mit dem Wachsen von Organisationen, egal, ob New oder Old Economy.

2. Kleinere Unternehmen sind nicht immer effektiver und netzwerkorientierter als Konzerne. Entscheidend ist vielmehr, welche Unternehmen sich langfristig am Markt werden behaupten können.

3. New-Economy-Aktien unterliegen genau wie andere Werte erheblichen Schwankungen. Dies ist eine Erkenntnis, die sich mittlerweile auf breiter Front durchgesetzt hat.

4. Das Gehaltsniveau der New-Economy-Unternehmen scheint bzw. schien nur dadurch höher, dass den meisten Mitarbeitern Stock-Option-Pläne zur Verfügung standen, die – unter der Voraussetzung stetig steigender Kurse – erhebliche Summen auch in die Lohntüten derer spülten, die normalerweise eher

durchschnittlich verdient hätten. Heute wissen wir: Auch dies war nur für eine kurze Zeit eine gültige Annahme.

5. Der permanente Aufschwung ist auch von der New Economy nicht zu erwarten. Vielmehr unterliegen die Unternehmen der entsprechenden Branchen ebensolchen Zyklen wie die anderer.

6. Die weitere Abhängigkeit des Menschen von bestimmten Zentren ist keine Frage mehr. Das Büro zu Hause oder weit entfernt vom Arbeitsplatz bleibt auf einige Zeit eine nette Option, nicht jedoch eine dauerhafte Alternative. Zu konzentriert sind die Businessprozesse auf bestimmte physische Zentren.

7. Das elektronische Geschäftsmodell über Internet hat hier und da zu Einsparungsmöglichkeiten für den Kunden gesorgt, ändert jedoch nichts an der grundsätzlichen weiteren Abhängigkeit des Kunden vom Angebot.

Diese ernüchternde Sicht der New Economy hat drastische Auswirkungen auf die Art und Weise, wie Human Resource Management heute und in Zukunft betrieben werden muss. Neben den erwähnten negativen Effekten hat die rapide Entwicklung der Internet-Ökonomie vor allem dazu geführt, dass zahlreiche Unternehmen gezwungen waren, ihre internen (Human Resources) Prozesse in Frage zu stellen. Viele dieser selbstkritischen Analysen sind noch mitten im Prozess und führen zu einer Neupositionierung, deren Auslöser die veränderten Rahmenbedingungen waren und sind.

Die in diesem Buch vertretene Position ist ein Versuch, konstruktive Wege aufzuzeigen, die Energie zur Standortbestimmung zu nutzen und – den veränderten Rahmenbedingungen gemäß – entsprechende Prozesse zu definieren. So versteht sich die vorliegende Veröffentlichung als Wegweiser durch diese teils stürmische Entwicklung! Es geht den Autoren darum, deutlich zu machen, dass das Ignorieren der veränderten Rahmenbedingungen, auch nach einem grundsätzlich dramatischen Ende einer ökonomischen Ausreißerentwicklung, fatale Folgen haben wird.

Diese Folgen, die bis hin zu der oft beschworenen These vom „Ende des Human Resources Management" gehen können, zu vermeiden, ist die Intention dieses Buches. Aus Fehlern zu lernen, Entwicklungen schnell, in ihrer ganzen Tragweite, reversibel und mit einem hohen Grad an Einfühlungsvermögen zu adaptieren und mit zu gestalten, ist das Leitbild eines neuen Human Resources Management, zu dem sich die Autoren, allesamt Praktiker mit signifikanter Erfahrung in den relevanten Bereichen, klar bekennen.

Die Paradoxien aufzuzeigen, die mit diesen Anforderungen einhergehen, sowie Wege zum Management teilweise paradoxer Rahmenbedingungen zu entwerfen, ist der Anspruch dieses Buches.

1. Management-Moden und Management-Moderne

Wie viele Rezepte zum Management von Veränderungen wurden in den letzten Jahren veröffentlicht? Wie oft wurde die Notwendigkeit von Veränderungen beschworen? Wie viele selbst ernannte „Veränderungs-Gurus" sind in den letzten Jahren in der Managementszene aufgetaucht und zum größten Teil auch wieder aus ihr verschwunden?

Viele Management-Moden waren auf dem Laufsteg, wurden hochgejubelt und hoch gelobt, waren aber schnell wieder unmodern. Und schon wurden neue Modelle angeboten, nahmen wie selbstverständlich den Platz der alten ein, ähnlich wie ein Perpetuum mobile, das sich selbst ständig in Bewegung hält. Gewinner waren häufig nur die „Modeschöpfer", der „Erfolg" der Kunden war meistens nur kurzzeitig und begrenzt, Hoffnungen schnell zerstört.

Wenige der modischen und modernen „Management-Rezepte", wenige der ausgerufenen „Revolutionen" führten zu wirksamen Umbauten in den Managementmethoden der Praxis. Nur selten veränderte sich etwas auf der Verhaltensebene nachhaltig, wenn nicht der Druck des Marktes eine derartige Veränderung erzwungen hätte.

Seit einigen Jahren nun verändert sich die gesamte Ökonomie so fundamental, dass die üblichen Managementtheorien oder Veränderungspredigten wie Nachrichten aus einer anderen Zeit anmuten. Diese radikale Veränderung des ökonomischen Systems und dessen Einflüsse auf den Kernbereich eines „neuen" Management, das „Human-Resources-Management", sind das Thema des vorliegenden Buches. In diesem Kapitel werden die Grundlagen eines auf die veränderten ökonomischen Bedingungen abgestimmten Human Resources Management diskutiert. Dabei stehen Praxisnähe und Alltagstauglichkeit im Mittelpunkt. Die folgenden Kapitel widmen sich jeweils einem speziellen, zentralen Gebiet des Human Resources Management in einem veränderten ökonomischen System.

Zunächst fasst Kapitel 2 das Gesamtsystem „Personalmanagement" ins Auge und geht der Frage nach, ob, wie und in welchen Bereichen die Human-Resources-Funktion zu einer wertschaffenden Unternehmensfunktion werden kann, statt in klassisch administrativer Weise Personal zu verwalten. Im Blickpunkt hierbei stehen sowohl Organisationsprinzipien als auch inhaltliche Arbeitsbereiche des „Business-Partners Human Resources".

Im Anschluss daran vergleicht Kapitel 3 klassische Konzepte der Personalauswahl mit den neuen Anforderungen einer „Attitude Selection". Welche Mitarbeiter braucht ein

Unternehmen langfristig und welche Methoden erweisen sich als erfolgreich, die Zielklientel auch tatsächlich für den Arbeitgeber zu gewinnen? Dabei werden auch neue Formen von Arbeitsbeziehungen berücksichtigt.

Kapitel 4 fragt nach veränderten Bedingungen in den Bereichen der Personalentwicklung. Die klassischen Konzepte werden mit neuen Methoden eines Live-Long-Learning sowie eines gesamtorganisationalen Lernens zusammengeführt und an Fallbeispielen diskutiert.

Schließlich werden im fünften Kapitel Fragestellungen aus dem Bereich „Führung" diskutiert. Hierbei steht im Vordergrund, dass klassische und tradierte Rollenmuster in der Dualität von Führen und Geführtwerden im veränderten wirtschaftlichen Kontext hinterfragt und zu einem erheblichen Teil neu definiert werden müssen.

1.1 Die (r)evolutionäre Wende

Welche Veränderungen meinen wir, wenn wir ihnen so nachhaltige Bedeutung beimessen, dass der grundsätzliche Aufbau und Charakter einer zentralen Funktion betrieblichen Management so entscheidendem Wandel unterworfen wird? Die Rede ist von einer Veränderung des ökonomischen Systems, die seit einigen Jahren andauert und längst nicht abgeschlossen erscheint. Eine Veränderung, die populär oftmals mit der Entwicklung einer „New Economy" beschrieben wird. Stichworte wie Internet, B2B, E-commerce waren – man mag es kaum glauben – vor weniger als 5 Jahren noch nahezu unbekannt. Heute bestimmen sie große Teile der aktuellen Managementdiskussion und die Zahl derer, die überzeugt sind, dass sie von den Entwicklungen einer weltweit vernetzten Gesellschaft in ihrem speziellen Geschäftsbereich unberührt bleiben, geht kontinuierlich zurück. Zu schmerzhaft waren vielerlei Erfahrungen von ignoranten Zeitgenossen, die sich sicher und wohlbehütet in ihrem klassischen Geschäftsfeld fernab von der Internet-Ökonomie wähnten.

Das, was für Branchen gilt, kann auch für interne Unternehmensbereiche angenommen werden. All zu oft haben gerade die klassischen Personalabteilungen betont, ihr Geschäft sei auf den direkten Kontakt mit dem Mitarbeiter abgestimmt und daher von diesen gesamtökonomischen Entwicklungen losgelöst. Immer wieder wurde bekräftigt, dass Prozesse der zwischenmenschlichen Kommunikation zentraler Aspekt des Human Resources Management sind und daher per se losgelöst von den Entwicklungen der „E-conomy" zu sehen seien.

Um hierzu einen fundierten Standpunkt einnehmen zu können, muss zuerst analysiert werden, welches wirtschaftliche Szenario die Rahmenparameter für die hier diskutierten

Problemfelder liefert. Der vielstrapazierte Begriff der „New Economy" reflektiert zumindest in Teilen einige wichtige Charakteristika der unternehmerischen Umwelt zu Beginn des 21. Jahrhunderts. Ursprünglich wurde die Unterteilung in Old versus New Economy zur Beschreibung geänderter volkswirtschaftlicher Zusammenhänge benutzt. Ein Argument für viele Volkswirte, eine „New Economy" auszurufen, war das zunächst in den USA beobachtete Phänomen eines steigenden Bruttoinlandprodukts bei gleichzeitig langfristig stabiler Inflation und sinkender Arbeitslosigkeit. In den USA war nun über neun Jahre hinweg ein zuvor nicht erlebtes inflationsfreies Wachstum bei einem Anstieg des BIP von durchschnittlich 3,25 % mit Produktivitätssteigerungen von 2 % und darüber möglich. Die Auswirkungen und Möglichkeiten der Informationstechnologien, insbesondere der Internettechnologien und des E-Commerce, zur Produktivitätssteigerung bei gleichzeitiger Limitierung von Preiserhöhungen durch erhöhte Preistransparenz wurden als ein Erklärungsfaktor für diese teilweise Aufhebung der sonst allgemein akzeptierten und als weitgehend gegeben angesehenen volkswirtschaftlichen Zusammenhänge herangezogen.

Gleichzeitig erlebten einzelne Segmente des Aktienmarktes, vornehmlich solche, in denen sich Unternehmen des Internetsektors wiederfanden, eine ungewöhnliche Hausse. So adaptierten schnell auch Börsenstrategen den Begriff der „New Economy" als Beschreibungskategorie für die Werte des sogenannten Neuen Marktes (sowie vergleichbarer Segmente), als diese in den letzten Jahren mit potenzierter Geschwindigkeit den klassischen Börsenwerten davonzogen. Hier fanden sich vor allem Unternehmen, deren Geschäftsideen mit einem sehr hohen Kapitabedarf auf der Anwendung und Weiterentwicklung von Internet- und Kommunikationstechnologien basierten. Die üblichen Erklärungen mit Kursphantasie ließen sich auf eine solch breite Kategorie von Aktienwerten, zumal Neuemissionen, kaum anwenden. Schließlich wurde das Label „New Economy" für solche Werte inoffiziell eingeführt, deren Börsenwert durch eine Art „Internet-Phantasie" um ein Vielfaches das durch klassische Bewertungsmaßstäbe anzunehmende Maß übersteigt.

Zwar hat in der Mitte des Jahres 2000 eine Konsolidierung dieses Segments begonnen, doch haben die meisten börsenerfolgreichen Werte der „New Economy" nach wie vor schlechte Fundamentaldaten im klassischen Sinne, wenn man Bewertungsmaßstäbe wie das Kurs-Gewinn-Verhältnis, die Relation von Marktkapitalisierung und Umsatz oder die Eigenkapitalquote zugrunde legt.

Im Laufe der letzten zwei Jahre hat jedoch der Begriff der „New Economy" eine erhebliche Verbreiterung seiner Bedeutung erfahren, die fast im Sinne einer makrosoziologischen oder volkswirtschaftlichen Kategorie zu verstehen ist. „New Economy" bezeichnet heute die letzte Ausformung eines Spätkapitalismus des beginnenden 21. Jahrhunderts. Kennzeichen dieser Wirtschaftsform sind die weitgehende Auflösung klassischer Kunden-Lieferanten-Produzenten-Kategorien sowie vor allem die Gleichzeitigkeit und Direktheit kommunikativer Optionen zwischen allen Marktteilnehmern. Hierbei kommt dem Faktor „Information" so zentrale Bedeutung zu, dass sich ihm die klassischen Produktionsfaktoren weitgehend unterordnen. Ausnahme ist und bleibt der Faktor Humankapital, wobei die Anforderungen an das Personal entscheidend durch die Verschiebung in der Gewichtung der anderen Produktionsfaktoren bestimmt werden. Wissen und Information sind Produkte, die in der Wirtschaftsform der New Economy eine völlige Neubewertung erfahren. Dies gilt nicht nur aufgrund der nahezu völligen Gleichzeitigkeit des Marktzugriffs, sondern auch aufgrund der Ubiquität, des „Alles-überall-verfügbar-Habens" als Grundmodus des Handelns innerhalb der New Economy. In allerletzter Zeit wurden diese Entwicklungen auch als Virtualisierung bezeichnet. Um es ganz klar zu sagen: Diese Wirtschaftsform hat sich längst von den Problemen der Internationalisierung und Globalisierung verabschiedet und nimmt diese Entwicklungen als gegeben hin.

Viele Autoren haben aufgrund des Entstehens der New Economy in klassischer wissenschaftlicher Dichotomie einen Gegensatz zur Old Economy aufgebaut. Hier die modernen, virtuell geführten Internet-Startups, dort die klassischen Unternehmen des produzierenden Gewerbes, die so genannten „bricks and mortar" (Steine und Mörtel)-Industrien. Inzwischen existieren auch hybride Internet-Unternehmen, die unter der Bezeichnung „clicks and mortar" firmieren. Dies sind solche Organisationseinheiten, die eine eigenständige Internetmarke am Markt zu etablieren versuchen, während sie gleichzeitig die Infrastruktur und das Kapital der Muttergesellschaft nutzen.

Es ist den Autoren ein Anliegen, diese zwanghafte Unterscheidung aufzulösen und klar zu machen, dass die New Economy die Old Economy nicht ersetzen wird. Schon die Diskussionen der letzten Monate um das „Ende" der New Economy zeigen, dass dieser Begriff hier viel zu kurz greift und Moden unterworfen ist, die sich eher an aktuellen volkswirtschaftlichen Indikatoren, denn an den zugrunde liegenden Strukturen orientieren. In der heutigen wirtschaftlichen Realität als konsequenter Fortentwicklung einer volkswirtschaftlich-soziologischen Pendelbewegung findet sich die Zukunft ökonomischen Handelns für die nächsten Jahre oder ggf. Jahrzehnte. Ökonomische Prinzipien wie beispielsweise Netzeffekte oder auch Kostendegressionen zu Beginn des 21. Jahrhunderts sind nicht neu, sondern treten nur in extremer Form auf. Einige der wichtigsten Gründe hierfür und ihre Implikationen für die wirtschaftlichen Akteure werden in Kapitel 1.2 angerissen.

Nicht die Zugehörigkeit zum sich ständig ausweitenden und differenzierenden Internetsektor ist heute prägend für den Erfolg von Unternehmen, sondern die erfolgreiche, kostenoptimierende Anwendung moderner Informations- und Kommunikationstechnologien bei sämtlichen Transaktionsvorgängen im Unternehmen, im Einkauf, bei der Verbesserung von Vertriebsstrategien und bei der Verkürzung von Produktentwicklungszeiten. Anwendungsmöglichkeiten und Verknüpfungen mit bestehenden Prozessen und Strukturen sind vielfältig und reichen von der Schaffung von Internet-Handelsplattformen für Lieferanten, wie beispielsweise von General Motors und Ford

16

angekündigt, über die Anwendung einer internetunterstützten Build-to-order-Produktion, wie heute schon erfolgreich von Dell Computer Corp. angewandt, bis hin zur kostensparenden Online-Verfügbarkeit von Produktinformationen, technischen Beschreibungen und Informationen zum Auftragsstatus.

Im folgenden Abschnitt werden die wichtigsten Kennzeichen der wirtschaftlichen Umwelt zu Beginn des 21. Jahrhunderts beschrieben. Passend zum Gesamtrahmen des Buches liegt der Schwerpunkt dabei auf der Beschreibung von Strukturen aus dem Human-Resources-Bereich.

1.2 Kernprinzipien der wirtschaftlichen Umwelt

Gleichzeitigkeit und Ubiquität sind bereits genannte Prinzipien, die wirtschaftliches Handeln heute beschreiben. An dieser Stelle soll darauf verzichtet werden, ein weiteres Mal all' die revolutionären technischen Entwicklungen darzustellen, die schließlich dazu geführt haben, dass „Digitalität" im Sinne von Negroponte in unserem Wirtschaftssystem praktizierbar wurde. Heute ist „Digitalität" kein Marktvorteil, sie ist notwendige Überlebensbedingung für die meisten Unternehmen. Hierbei ist es egal, ob es sich um ein ultramodernes Dienstleistungsunternehmen oder um ein klassisches familiengeführtes Produktionsunternehmen handelt. Die Kernstrukturen unseres gegenwärtigen volkswirtschaftlichen Systems greifen graduell in alle Bereiche und verdienen daher die Bezeichnung der grundsätzlichen Veränderung. Diese vier Kernstrukturen

- Geschwindigkeit,

- Ubiquität,

- Virtualität und

- Heterarchie

werden die Kriterien sein, die an der Schwelle zum neuen Jahrhundert dominierend wirken und den Unterschied zur Old Economy ausmachen werden.

1.2.1 Geschwindigkeit

Geschwindigkeit bestimmt den unternehmerischen Erfolg in vielen Beziehungen: Ob es nun der Schumpetersche „First-mover-Vorteil" ist, der wertvolle Marktanteile sichert,

17

oder die kostensparende und umsatzoptimierende Verkürzung der Time-to-market-Spanne bei der Entwicklung oder Verbesserung neuer Produkte – Schnelligkeit im Vergleich zur Konkurrenz zahlt sich aus.

In unserer heutigen wirtschaftlichen Realität erreicht Geschwindigkeit aber nicht nur neue Dimensionen, sondern auch andere, bislang nicht da gewesene Qualitäten. Wichtige technische Errungenschaften des 20. Jahrhunderts wie das Telefon, das Automobil und auch das Fernsehgerät durchliefen jeweils eine schnelle Entwicklung, um dann den Zustand des so genannte „lock-in" zu erreichen; hier erfolgen keine radikalen Transformationen mehr, sondern – um das Bild des Automobils zu nutzen – es werden weiterhin vier Räder maschinell bewegt und über die Kombination von Lenkrad, Gaspedal und Bremse gesteuert. Ganz anderes verspricht die Zukunft der Computer und des Internets. Diese Technologien besitzen einen quasi eingebauten Mechanismus zur Beschleunigung, dessen Konsequenzen für uns heute erst langsam spürbar werden und kaum abzusehen sind.

Das Tempo, mit dem Informationen über Produkte, Trends und Neuerungen verbreitet werden, lässt kaum noch zeitliche Nischen zu, in denen ein Unternehmen oder auch Unternehmensbereich sich von der sich ständig verändernden unternehmerischen Umwelt abkoppeln kann. Der Status quo wird immer vergänglicher, Planungshorizonte verkürzen sich, Projektmanagement muss mit einem ständigen Wandel der Determinanten umgehen können, komplette Organisationsstrukturen werden, kaum implementiert, schon den neuen Bedingungen ihrer Umwelt nicht mehr gerecht. Entscheidungen müssen bei sich beschleunigt verändernden Planungsdaten unter immer weiter anwachsender Unsicherheit getroffen werden.

Während der Zugriff auf Informationen und die Aneignung von Wissen immer leichter wird, verkürzt sich ständig die Halbwertzeit des Wissens – lebenslanges Lernen auch für den Einzelnen ist ein unbedingtes Muss.

Der für das menschliche Empfinden unendlich beschleunigte Zugriff auf Informationen über das Internet und verwandte Technologien führt in Verbindung mit einem fast überall möglichen Zugang zu diesen Infrastrukturen zu einer jederzeitigen Verfügbarkeit und damit Universalität von Daten, Fakten und Wissen.

1.2.2 Ubiquität

Die universelle Verfügbarkeit von Informationen, die Möglichkeit der Kommunikation in Sekundenschnelle auch über große Distanzen ermöglicht erst ein ganz neues Miteinander von Lieferanten, Produzenten und auch Kunden.

Als Folge der Asynchronisation der Kommunikation über Möglichkeiten des individuellen Zugriffs auf Informationen über digitale Medien, die sonst an bestimmte Orte und Zeiten gebunden war, wird auch die Anwesenheit von Mitarbeitern an einem bestimmten Ort zu einer bestimmten Zeit aufgelöst. Der Vertriebler kann von unterwegs die neuesten Bestandsinformationen aus der firmeneigenen Datenbank abrufen, die Mitglieder eines virtuellen Teams können von verschiedenen Standorten auf diesem Globus gemeinsam mit der entsprechenden Technik an der gleichen Präsentation arbeiten.

Ubiquität ist jedoch mehr als Verfügungsmöglichkeiten über Informationen. Sie meint auch die ständige „Optimierung" von Effektivitäts- und Effizienzzyklen im Sinne der Löschung von Leerlaufzeiten. Information in „Jetzt-Zeit" bedeutet auch, dass keine Zeit bleibt, über die Informationen nachzudenken, da sie sich währenddessen wieder geändert haben. Im Sinne von Virilio ist damit eine Spiralentwicklung im Gange, die neben der menschlichen Optimierung von Prozesszyklen eine unendliche Verkürzung von Reaktionszeiten des Menschen bedeutet.

1.2.3 Virtualität

Der Begriff Virtualität ist Sinnbild einer postmodernen Wirklichkeitsauffassung. Er bezeichnet im Grunde ein Phänomen, das es real letztlich gar nicht gibt, aber doch in der Möglichkeit existiert. Virtualität hat ihren Bezug immer auf „wirkliche", d. h. auf bekannte und aktualisierte Phänomene, geht aber im Sinne des Potenziellen darüber hinaus. Virtualität beschäftigt sich mit den Möglichkeiten bzw. der Potenzialität der Aktualität. Dieses „Immer-auch-anders-sein-Können" hat zur Folge, dass sich virtuelle Phänomene für jeden Betrachter immer wieder ganz anders darstellen können.

Virtualisierung als der Prozess der Virtualität kann sowohl intra- als auch extraorganisational stattfinden. Intraorganisationale Virtualisierung umfasst Strategien, die ihre Wirkungen vorrangig innerhalb der Unternehmung haben und über die innerorganisationalen Grenzen hinweg integrieren. So findet etwa räumliche Virtualisierung im Rahmen so genannter „Delokalisierungsprozesse" statt. Mitarbeiter erfolgreicher Unternehmen arbeiten mehr beim Kunden oder zu Hause als im Unternehmen – hier gemeint als räumlich integrierte Entität. Während die Zulieferer eigene Niederlassungen auf dem Werksgelände aufbauen, sitzen die Mitarbeiter in Projekten bei Zulieferern, Kunden, Kooperationspartnern oder auf internationalen Messen. Auch virtuelle Teams, bestehend aus Mitarbeitern desselben Unternehmens, die an räumlich verteilten Standorten ihren Dienstsitz haben, sind immer häufiger zu beobachten. Zeitliche Virtualisierung realisiert sich in der so genannten „zeitlichen Asynchronisation" von Arbeitsprozessen. Unternehmungen werden zu so genannten „24/7-Organisationen", die 24 Stunden am Tag und an 7 Tagen in der Woche für ihre

Kunden da sind. Neben der so genannten „Dematerialisierung" ist die so genannte „dynamische Destrukturierung" eine weitere aktuelle intraorganisationale Virtualisierungsform, bei der aufbauorganisatorische Strukturen (Stellenbeschreibungen, Organigramme u.a.) zunehmend durch ablauforganisatorische ersetzt werden. Begriffe wie Modularisierung und Fraktalisierung verweisen hierbei auf die Bildung von kleinen, nahezu beliebig zusammensetzbaren Einheiten auf der Ebene der Gesamtorganisation.

Extraorganisationale Virtualisierung zielt auf die Optimierung der Kooperation und der Steuerung mit vor- und nachgelagerten Wertschöpfungspartnern. Extraorganisationale Virtualisierungsstrategien basieren auf der konsequenten Konzentration der unternehmenseigenen Kernkompetenzen bei gleichzeitiger Steuerung der Fremdwertschöpfung. Solche Wertschöpfungsnetzwerke ermöglichen eine Ausweitung der eigenen Handlungsalternativen bei gleichzeitig reduzierten eigenen Aktivitäten.

1.2.4 Heterarchie

Heterarchie ersetzt Hierarchie, die heilige Ordnung vieler Jahrzehnte. Der Begriff Heterarchie stammt etymologisch von dem griechischen Wort heteros = der andere als eine Herrschaft der Nachbarschaft. Diese „Herrschaft der Nachbarschaft" veranschaulicht Heinz von Foerster am Beispiel der Schlacht bei den Midway-Inseln, in der die japanische Flotte die amerikanische Flotte zu vernichten drohte: „Als nämlich das amerikanische Flaggschiff schon in den ersten Minuten sank, war die amerikanische Flotte auf sich selbst gestellt und musste sich selbst organisieren, d. h. von einer Hierarchie auf eine Heterarchie umschalten. So ergab sich, dass der Kapitän jedes Einzelschiffes, ob groß oder klein, das Kommando über die gesamte Flotte übernahm, sobald er aufgrund seiner Position am besten entscheiden konnte, was zu tun war. Das Ergebnis war, wie wir alle wissen, die Zerstörung der japanischen Flotte und die Wende im Kriegsgeschehen im Pazifik."

Heterarchie ist also ein Konzept dynamischer Ordnung, bei dem sich stets die neue Ordnung aus entstandener Unordnung heraus selbstorganisierend bildet. Das Grundprinzip ist das der „rollierenden Führung"; sobald ein Nachbar oder Wertschöpfungspartner bei anstehenden Fragen die größere Kompetenz aufweist, geht die Führung auf ihn für eine bestimmt Zeit über, um anschließend möglicherweise wieder zu einem anderen Partner zu wechseln, der in einer neuen Situation kompetenter ist.

Die hier dargestellten Kernstrukturen unserer modernen Volkswirtschaft setzen neue Determinanten für den Erfolg oder Misserfolg von Unternehmen. Aus einem klassischen Produktionsunternehmen soll und kann sicher keine Internetcompany entstehen, aber dennoch werden diese Kernstrukturen nachhaltige Auswirkungen auf die Organisationsformen, Strukturen und Prozesse innerhalb von Unternehmen wie auch auf die Definition und Abgrenzung der Unternehmen selbst haben.

1.3 Das Unternehmen im 21. Jahrhundert

Hauptkennzeichen unserer heutigen wirtschaftlichen Umwelt ist die grundsätzliche Möglichkeit, sowohl Elemente der „Old" als auch Elemente der „New Economy" gleichzeitig bzw. parallel zuzulassen und zu nutzen. Diesem Gedanken liegt die entscheidende Erkenntnis zugrunde, dass paradoxe Anforderungen nicht mehr zwangsläufig Dichotomie im Sinne eines „Entweder-Oder" bedeutet. Es gibt keine binäre Unterscheidung mehr zwischen „E-Business" und „Nicht-E-Business", zwischen „Bricks and mortar-Firmen" einerseits und Internet-Firmen andererseits.

Bereits heute zeigt sich, dass die Organisationsform der Zukunft eine Synthese sein wird, deren Kern ein „Sowohl-als-auch" in jeweils unterschiedlichen graduellen Abstufungen darstellt. Jedes noch so konservative und produktionsorientierte Unternehmen wird – um seinen Fortbestand zu sichern – die neuesten Tools im Bereich des E-Business adaptieren, ohne deswegen gleich zu einer ultramodernen Softwareschmiede zu werden. Jeder noch so innovative „B2B-Anbieter" wird sich mit strukturellen, konservativen Fragen der Unternehmensorganisation und Unternehmensstruktur befassen, die es ihm nicht erlauben, ausschließlich virtuell zu agieren.

Somit gehen wir nun einen Schritt weiter: Wir unterstellen nicht nur das Ende einer bislang weitgehend üblichen Zweiteilung, sondern wir konstatieren eine neue Mischform, die auch innerhalb jedes Unternehmens anzutreffen sein wird. Diese neue Mischform ist eine Hybridform bzw. eine hybride Organisationsform, die aufgrund ihrer hybriden (Wettbewerbs-)Strategien einen adäquaten Umgang mit aktuellen paradoxen Anforderungen möglich macht. Das Handling von Paradoxien bzw. paradoxen Anforderungen ist gerade deshalb so schwierig, weil diese sich durch die Gleichzeitigkeit von Möglichkeit und Unmöglichkeit auszeichnen, wie etwa der paradoxe Satz des Kreters „Alle Kreter sind Lügner" belegt. Der Wahrheitsgehalt dieser Aussage ist nicht entscheidbar, er ist wahr und gleichzeitig deswegen auch unwahr, eine eindeutige Schlussfolgerung kann nicht gezogen werden.

Unternehmen werden im aktuellen Wirtschaftsgeschehen zunehmend mit solchen paradoxen Anforderungen konfrontiert, auf die es nicht mehr eindeutige „One-best-way-Antworten" im Sinne eines „Entweder-Oder" gibt, sondern die vielmehr mehrdeutige Lösungen erforderlich machen. Getreu dem vielzitierten Grundgesetz des Kybernetikers W. Ross Ashby, wonach nur Komplexität Komplexität vernichten bzw. verringern kann, kann es angesichts der hochkomplexen aktuellen Situation nicht (mehr) um ein

Management der Komplexität, sondern nur noch um ein Management durch Komplexität gehen. Um die aufgrund der multiplen Anforderungen notwendige (Re-)Aktionsvielfalt leisten zu können, müssen Unternehmen heute ein „Hybrid-Management" entwickeln, das sich durch eine Strategienvielfalt im Sinne eines „Sowohl-als-auch" auszeichnet:

- *Sowohl*   Zentralisierung   *als auch* Dezentralisierung

- *Sowohl*   Konzentration   *als auch* Diversifikation

- *Sowohl*   flexible Kleinheit   *als auch* mächtige Größe

- *Sowohl*   Kooperation   *als auch* Konkurrenz

- *Sowohl*   Outsourcing   *als auch* Insourcing

- *Sowohl*   externes Wachstum   *als auch*   organisches Wachstum

Paradoxien sind zur Zeit weder vermeidbar noch ignorierbar, die Auseinandersetzung damit wird vielerorts zur grundlegenden Effizienz-, mancherorts sogar zur Existenzfrage. Manager werden mehr und mehr zu „Paradoxiekünstlern".

Die (paradoxen) „Rahmenbedingungen" unserer wirtschaftlichen Umwelt lassen mit Blick auf den Bereich Human Resources schnell die Frage nach den Qualifikationsmustern erfolgreichen Managements aufkommen. Einige Trends sind dabei einwandfrei festzustellen:

- Schnelle Entscheidungen sind essenziell. Aus diesem Grunde sind ausführliche Analysen im klassischen Stil nicht mehr möglich.

- Wachstum entscheidet Marktposition. Klassische Parameter wie zum Beispiel Profitabilität treten in den Hintergrund, werden jedoch nicht (wie in der New Economy postuliert) unwichtig.

- Kreativität, Aggressivität und Schnelligkeit werden wichtiger sein als perfekte Kenntnis einer Branche oder eines Unternehmens.

- Kurzfristiges Denken ist im Gegensatz zur klassischen Managementauffassung durchaus opportun, um Ziele bzw. Zwischenziele zu erreichen, solange langfristige Visionen nicht gefährdet werden.

1.4 Strategien zu Beginn des 21. Jahrhunderts

Veränderung ist wichtig, Geschwindigkeit alles entscheidend. Hat man die Grundprinzipien der heutigen Wirtschaft verstanden, so stellt sich die Frage nach den Strategien. Insbesondere dem Bereich Human Resources kommt dabei eine zentrale Bedeutung zu. Jedoch nur dann, wenn die Transformation dieses Bereiches gelungen ist (vgl. die Kapitel 1 bis 4). Die veränderte Rolle von Human Resources zeigt sich vorwiegend in den Bereichen Personalauswahl, Personalentwicklung und denen, die klassischerweise Personalbeurteilung und -verwaltung heissen. Alle diese Bereiche werden so nicht mehr existieren, sondern in ihrer Funktion danach ausgelegt werden, ob und inwiefern sie zum Geschäftserfolg einer Unternehmung direkt oder indirekt beitragen.

Human Resources wird demnach nur dann funktionieren, wenn es in die Unternehmensstrategie miteingebunden ist und diese aktiv beeinflusst. Aus diesem Grunde wenden wir uns zunächst der Frage zu, welche Strategien heute erfolgversprechend sind.

Grundsätzlich lässt sich hierauf keine pauschale Antwort finden. Gerade die Unkalkulierbarkeit und die Schnelligkeit der Veränderung von Vorgaben erlauben keine pauschalen Antworten. Dennoch lassen sich deutliche (Richt-)Linien entdecken, die uns eine Idee von den zukunftsoptimierten Strategien vermitteln:

- Fragt man in einem erfolgreichen Unternehmen nach der durchschnittlichen Beschäftigungsdauer, so erhält man häufig Antworten, die überraschen: 2 - 5 Jahre! Diese Zeitspanne spiegelt jedoch nicht eine hohe Turnoverrate wider, sondern sagt schlichtweg etwas über das Wachstum dieses Unternehmens aus. Erfolgreiche Unternehmen werden jedoch nicht permanent rasant wachsen, sondern es wird Phasen von Hyperwachstum und Konsolidierung geben, die einander ablösen.

- Um mit solcher Turbulenz fertig zu werden, müssen alle Systeme des Unternehmens modular sein. Austauschbarkeit und Flexibilität werden zur Überlebensbedingung.

- Die Identifikation der Mitarbeiter ist in einem solchen Umfeld noch zentraler als ohnehin. Es bedarf der geteilten Ziele und des geteilten Glaubens an die gemeinsame Vision.

- Lernen bedeutet, sich Veränderungen anzupassen. Dabei ist jedoch auch die Entwicklung von Neuem durch kreative Rückkopplungsprozesse wichtig. Auch Fehler dienen zur Lernsteigerung, da sie Einsichten fördern und verändern können. Unternehmen zu Beginn des 21. Jahrhunderts brauchen diesen kulturellen Wert sowohl auf System- als auch auf Mitarbeiterebene.

- Hyperwachstum muss trotz allem abgesichert werden. Blindes Wachstum, ohne Risiken zu kontrollieren, führt nur zu kurzfristigem Erfolg. Michael Dell nennt diese Strategie des Hyperwachstums produktive Vorsicht!

- Human-Resources-Prozesse heute haben strategische „Affinität". Die Human-Resources-Strategie ist ein direktes Resultat der Unternehmensstrategie. Losgekoppelte und nicht durch die Strategie gestützte Prozesse haben keine Überlebenschance.

- Dies impliziert auch die Veränderungsnotwendigkeit von Human-Resources-Prozessen. Mitarbeiterbewertungsprozesse zum Beispiel müssen ebenso schnell änderbar sein wie Anforderungsprofile in Unternehmen, die sich aufgrund schnellen Wandels ändern.

- Output-Kontrolle wird für alle, also auch Human-Resources-bezogene Prozesse zur selbstverständlichen Forderung. Die meist IT-gestützten Abläufe werden somit einer automatisierten Prozesskontrolle unterworfen. Am Beginn dieser Forderung steht die Definition der entsprechenden Kriterien.

- Glatte, skalierbare Prozesse sind unabdingbar für den Unternehmenserfolg, während die Geschwindigkeit des Wachstums ständig pragmatische Second-best-Lösungen erfordert.

- Unternehmen benötigen Mitarbeiter, die sich in einer dem ständigen Wandel unterliegenden Umwelt wohlfühlen und dennoch dem Unternehmen gegenüber loyal sind.

- Markenbildung, Corporate Identity und damit Produktdifferenzierung sind in informationsüberfluteten Märkten entscheidend, während gleichzeitig Kooperationen, Fusionen und andere Formen der Zusammenarbeit die Arbeitswelt prägen.

- Der traditionelle Ansatz, ausgebildete Fachleute über traditionelle Medien anzusprechen und in fest definierte Stellen bei fixen Gehaltsbandbreiten einzubinden, ist abzuwägen gegen die Auswahl von kreativen, engagierten Mitarbeitern, die sich allein aufgrund ihrer eigenen Bereitschaft, sich wandelnden Bedingungen selbst anzupassen, nicht in feste Schemata pressen lassen wollen.

- Gerade die Geschwindigkeit des Wachstums junger Unternehmen lässt oft keine Ressourcen übrig für eine überlegte, mit den Unternehmenszielen abgestimmte Human Resources-Strategie.

- Rasantes Wachstum beschäftigt häufig die Human Resources Departments, ohne Luft zu lassen für die Entwicklung von Strukturen und Prozessen, die die Mitarbeiter entwickeln und an das Unternehmen binden.

2. Die Zukunft des Personalmanagement

Fragt man heute Praktiker aus den Personalbereichen von Unternehmen verschiedener Branchen nach ihren Kernaufgaben, dann kommt im Großen und Ganzen eine Aufzählung zustande, die man noch vor 15 oder sogar vor mehr als 20 Jahren bereits gehört hat. Die Rede ist dann von Personaldatenpflege, von Personalakten und entsprechenden Dokumentationen, von Gehaltsabrechnung und von Abwesenheitskontrolle. Außerdem hört man auch fast immer von Koordination von Personalentwicklungsmaßnahmen, Budgetkontrolle, Koordination des alljährlichen Beurteilungsprozesses, Eingliederung von neuen Mitarbeitern in die Firma und oftmals einer ganzen Liste juristischer Aspekte, die das Personalwesen lange Jahre geprägt haben und nach wie vor zu den Kernaufgaben des Personalmanagers zu gehören scheinen. Manchmal ist auch noch der Bereich Personalsuche und Mitarbeiterrekrutierung angegliedert und verursacht seinerseits einen weiteren kompletten Zweig von Detailprozessen von der Anzeigenschaltung bis hin zur Personalauswahl.

Die Antwort auf die Frage nach den Aufgabenschwerpunkten fällt dabei interessanterweise kulturell unspezifisch aus. Zumindest in ganz Europa finden sich ausgesprochen vergleichbare Muster, was die Ansicht der Personalverantwortlichen über ihre beruflichen Kernaufgaben angeht.

Im Folgenden geht es darum, diesem traditionellen Bild einen kompletten Neuentwurf entgegenzustellen. Ein Neuentwurf, der sich nicht in ein paar bunten Facetten aktueller Management-Kultbuch-Zitate erschöpft, sondern die Entwicklungslinien vorzeichnet, die auf das moderne Human Resource Management innerhalb nächster Zeit zukommen. Hierbei wird von Veränderungen die Rede sein, die so grundsätzlicher Natur sind, dass sie das gesamte klassische und über Jahrzehnte gefestigte Selbstvertrauen der Funktion der Personalfachleute zu erschüttern im Stande ist. Schließlich wird eine Argumentation aufgebaut, die den Wechsel in eine neue Ära des Human Resources Management zwangsläufig erscheinen lässt. De facto, so das Resultat der in Abbildung 1 dargestellten Argumentation, werden sich Personalabteilungen klassischen Zuschnitts (und die scheinen z. Zt. noch deutlich in der Mehrheit) innerhalb überschaubarer Zeit in nahezu keiner Organisation mehr rechtfertigen lassen! Ohne die dramatischen Veränderungen selbst mit zu initiieren, die nahezu alle Organisationen z. Zt. betreffen, werden Personalabteilungen nach und nach aufgelöst werden. Wege in die Zukunft eines proaktiven Human Resources Management werden im Folgenden daher ebenfalls aufgezeigt.

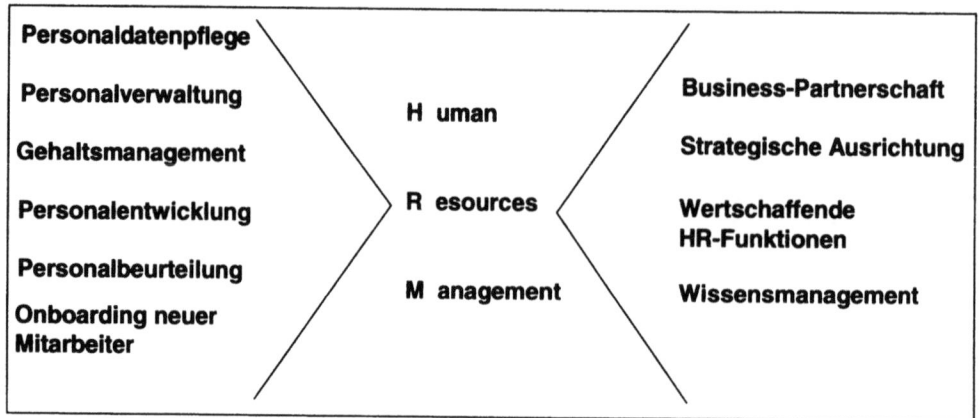

Abbildung 1: „Klassische" und neue Anforderungen an das Human Resources
Management

2.1 Human Resources im Wandel

Schaut man auf die Rahmenbedingungen, in denen heute Personalmanagement
„passiert", bleibt nur die alte Erkenntnis: Das einzig Stabile ist die Veränderung. Ohne
ein weiteres Mal den Geist von Change Management zu beschwören, muss gesagt
werden, dass zu keinem Zeitpunkt in der Geschichte der Ökonomie Wandlungsprozesse
so beschleunigt waren wie zur Zeit. Wie im ersten Kapitel dieses Buches beschrieben,
können die Entwicklung des Internet sowie die dazu gehörenden technologischen
Innovationen als Hauptursache dafür gelten, dass Grundrezepte des Wirtschaftens (im
ursprünglich soziologischen Sinn) nicht mehr gelten. Lernstoff, der heute die universi-
tären Curricula bestimmt, ist morgen überholt. „Speed rules everything!"

Diese Zusammenhänge beschreiben aber gerade nicht die graduelle oder nuancierte
Veränderung eines Managementstils oder seine Anreicherung durch eine Reihe neuer
Erkenntnisse. Es handelt sich eben nicht um ein „mehr desselben", sondern um eine
substanziell andere Art des Umgangs miteinander. Dieses „neue" Wirtschaften hat sich
längst von liebgewonnenen Gewohnheiten verabschiedet und definierte einen neuen
„Code of Conduct". Diese neuen Verhaltensmuster entziehen sich aber gerade dem, was
sich schön in Regeln und Prozessen darstellen lässt. Das Ungewöhnliche, der
Außenseiteransatz ist gefragt. Wenn Guy Kawasaki in seinem Buch „Gesetze für
Revolutionäre" propagiert, dann ist dabei die oberste Maxime, dass man sich von

26

Leitbildern jeder Art lösen muss. Handlungsleitend in der neuen Wirtschaft ist danach eine Mischung aus Evangelist und Ingenieur, der „Evangenieur", der besessen ist von der Idee der Veränderung, jedoch ebenso selbstverständlich über die Kenntnisse verfügt, diese Veränderung zu praktizieren.

Die Gegensätze zwischen den klassischen Methoden ökonomischen Erfolgs und den neuen Prozessen könnten deutlicher nicht sein. Sie lassen sich abstrakt fassen, so wie dies im ersten Kapitel beschrieben ist, sie lassen sich jedoch auch konkret, verhaltensnah beschreiben:

Eine befriedigende Tätigkeit im Sinne der neuen Regeln ist nicht sicherheits- oder qualifikationsorientiert. Befriedigung wird erzielt dadurch, dass die Tätigkeit Originalitäts- bzw. Neuigkeitscharakter hat. Das Schlimmste, was passieren kann, sind nicht länger einzelne Fehler oder Unzuverlässigkeit, das Schlimmste ist die Erstarrung oder Überstrukturierung des Systems, in dem gearbeitet wird. Erschaffung wird zum zentralen Moment, nicht Replikation. Selbstverantwortung und auch Selbstverliebtheit lösen Fremdbestimmung, aber auch blinden Teamgeist ab. Jeder wird in zunehmendem Maße mehr für alles mitverantwortlich sein und sich zunehmend weniger hinter Zuständigkeiten verstecken können.

Selbstverständlich werden diese Entwicklungen dafür sorgen, dass komplett neue Human Resources-Systeme entwickelt werden müssen. Aber müssen – diese Frage sollte in aller Konsequenz an dieser Stelle erlaubt sein – müssen überhaupt noch Human-Resources-Systeme entwickelt werden? Wenn sich die Organisationen zu hierarchiearmen bis hierarchiefreien Gruppen von Individuen, die allesamt individuelle Stars sind (oder sein wollen), zusammenfinden, wenn jede Form von Struktur schon als Behinderung erlebt wird, wenn Eigenverantwortung das oberste Prinzip ist, was sollen dann Personalsysteme noch leisten?

Die Antwort ist ganz einfach: Etwas ganz anderes als bisher! Oder besser: Personalsysteme der Zukunft werden Mitarbeiter in Unternehmen statt Unternehmen unterstützen. Genau dadurch werden sie zu unternehmerischen Systemen, die nicht kostentreibender Ballast in stetem Rechtfertigungszwang, sondern im ureigensten Wortsinne Produktivfaktoren im Sinne des Unternehmensziels sind!

Bevor wir genauer analysieren, welche Kernelemente solche Systeme ausmachen, soll zunächst versucht werden, einige weitere Entwicklungen im Rahmen des oben skizzierten neuen ökonomischen Modells darzustellen.

Gestern galten realistische Zielvorgaben noch als das Maß aller Dinge, heute muss der Wille formuliert werden, das Unmögliche zu schaffen. Größe und Bedeutung einer Organisation werden nicht durch klassische Kennzahlen oder die Mitarbeiterzahl definiert, sondern durch den „Flow of ideas", der zwischen den Mitarbeitern besteht. Visionen und Umsetzungsbereitschaft sind wichtiger als klassische Werte. Schwierigkeiten sind Chancen und neue Kommunikationsmittel sind keine hilfreichen Werkzeuge, sondern Voraussetzung für die selbstbestimmte Organisation in der Arbeit. Volle Transparenz ersetzt die klassische Machtbasis „Information". Jeder ist selbst dafür verantwortlich, in jedem Moment optimal informiert zu sein. Genauigkeit ist dem Primat der Geschwindigkeit deutlich untergeordnet. Dies und andere Trends zwingen dazu, die Human Resources-Funktion zu verändern. In seinem Artikel „Key strategies to transform the Human Resources function" spricht Christian Dahmen vier Aspekte an, die dazu beitragen, diese Veränderung zu bewerkstelligen:

- Einstufung der momentanen strategischen Bedeutung von Human Resources,

- Entwicklung von flexiblem „flow" anstatt strukturierten Vorgaben,

- Erfolgskontrolle im Sinne der „Wertschaffung" und

- Kernaufgaben von Human Resources werden Lernen, Wissensmanagement und Beurteilung.

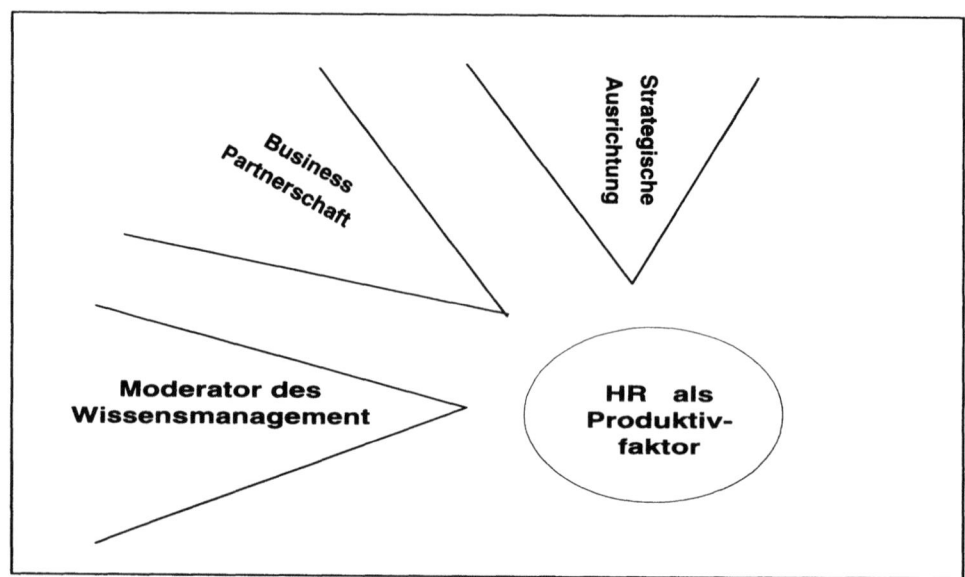

Abbildung 2: Der neue Human-Resources-Prozess in innovativen Unternehmen

Den Kern der in Abbildung 2 dargestellten Überlegungen bildet die Idee der „wertschaffenden" Human-Resources-Funktion, wie sie weiter oben bereits postuliert wurde. Im nächsten Kapitel soll hierauf gesondert und detailliert eingegangen werden.

2.2 Wertschaffende Human-Resources-Funktionen

Schon über Jahre wird von mehr oder weniger innovativ denkenden Zeitgenossen gefordert, die Personalfunktion solle ein Business-Partner für die Unternehmensführung sein. Diese Forderung ist erstaunlich oft missverstanden und falsch interpretiert worden. Der Haupteffekt dieser Forderung war und ist bis heute ein weiteres Abgleiten der Personalfunktion in die Regionen einer Assistenz der Geschäftsführung. Hier werden spezielle mitarbeiterbezogene Daten in verschiedener Hinsicht statistisch aufbereitet und abrufbar gemacht. Seltener werden Gespräche zwischen Geschäftsführung und Personalabteilung im Sinne neuer Offenheit und gegenseitiger Wertschätzung wirklich dialogisch geführt. Selten wird die Rolle des „Business-Partners" wirklich beiderseitig als partnerschaftlich verstanden.

Der unbestritten sinnvolle und gute Kern der Forderung bleibt dennoch erhalten. Hierbei geht es um gegenseitige „Befruchtung" mit Expertenwissen der jeweils anderen Seite. Dies kann wahrlich nur in einem Klima von Offenheit und Akzeptanz entstehen, in welchem Grundsatzthemen wie zum Beispiel die Unternehmensstrategie nicht zum Tabuthema erklärt werden. Die folgenden Testfragen erlauben eine individuelle Standortbestimmung:

- Werden Sie als Human-Resources-Verantwortlicher an Kernfragen und Entscheidungen, die die Zukunft des Unternehmens betreffen, beteiligt?

- Zu welchem Zeitpunkt?

- Werden von Ihnen für solche Fragen Vorschläge erwartet oder hat das Ganze mehr den Charakter einer Mitteilung?

- Womit verbringen die Mitarbeiter in der Personalabteilung den meisten Teil ihrer täglichen Arbeitszeit?

- In welchem Maß sind Sie befugt und willens, Teile Ihres Human Resources-Kerngeschäftes als Fremdauftrag außerhalb der Firma zu vergeben?

- Welchen Stellenwert hat Human Resources in Ihrer Firma im Vergleich zu anderen „Support"-Funktionen?

- Was sind Ihre Hauptkriterien, wenn Sie eine/n Mitarbeiter/in für die Personalabteilung suchen?

Diese Fragen sind bei weitem nicht repräsentativ und in keinster Weise als Testverfahren validiert, aber sie geben in erschreckender Weise den Blick frei für Zustände, die unter dem Mantel des (scheinbaren) „Business-Partners" Human Resources eine andere sehr konservative Unternehmensrealität zeichnen.

Welche Kriterien machen also demnach eine wirkliche „Business-Partnerschaft" zwischen Unternehmensleitung und Human Resources aus? Auch hier fällt die Antwort prinzipiell leicht: Erst wenn es klare strategische Übereinstimmungen gibt, die sowohl Unternehmensstrategien wie Human-Resources-Strategien betreffen, kann von einer Business-Partnerschaft in unserem (produktiven) Sinne gesprochen werden. Von den Unternehmenszielen losgelöste Human-Resources-Ziele oder Visionen werden stets zur Inkompatibilität der Zielauffassungen und damit zur Unterschiedlichkeit der Handlungsorientierungen führen. Diese Übereinstimmung ist jedoch nicht ausreichend, solange sie nicht gelebt wird. Und hierin liegt die eigentliche Ursache für die zahlreichen vergeblichen Versuche, Unternehmens- und Human-Resources-Strategien zu verknüpfen. Zu weit haben sich viele Personalfachleute von den strategischen Fragestellungen ihres Unternehmens entfernt. Zu entrückt ist vielen Entscheidern in Unternehmen die „weltfremde" Sicht der Personalleute.

Die Situation rührt hier also durchaus an das Rollenverständnis etablierter Positionen. Änderungsbereitschaft auf beiden Seiten tut not. Viele Personaler warten in diesem Zusammenhang auf eine Einladung aus der Unternehmensführung Diese wird aller Wahrscheinlichkeit nach ausbleiben. Solche Strukturen werden wahrscheinlich erst aufbrechen, wenn sich die Unternehmensleitung entschließt, 90 % der Human-Resources-Kompetenz nach außerhalb des Unternehmens zu verlegen. Dies wäre dann eine Folge davon, dass Abwarten ein schlechter Ratgeber ist und Veränderung nur dann erfolgreich bewältigt wird, wenn der Aspekt der Selbstinitiierung eine wichtige Rolle spielt.

Strategischer Partner sein heißt auch, dafür zu kämpfen, die eigene Überzeugung in die Unternehmensstrategie integrieren zu können. Eine abwartende Haltung wird hierbei nicht helfen. Welches sind nun die Mechanismen, mit denen Human Resources in diese strategische Dimension vorstoßen kann? Um es in einem einfachen Satz auszudrücken: Human Resources kann als strategischer Partner der Unternehmensleitung nur dann Gestalt annehmen, wenn es gelingt, Human Resources selbst zum Produktivfaktor des Unternehmens zu machen!

Es ist schwierig, dies pauschal zu beantworten, unterscheiden sich doch firmeninterne Zusammenhänge und individuelle Aspekte gravierend voneinander. Dennoch soll im Folgenden versucht werden, einige grundsätzliche Erkenntnisse zusammenzutragen, die mithelfen können, Human Resources zum vollwertigen Produktivfaktor zu machen.

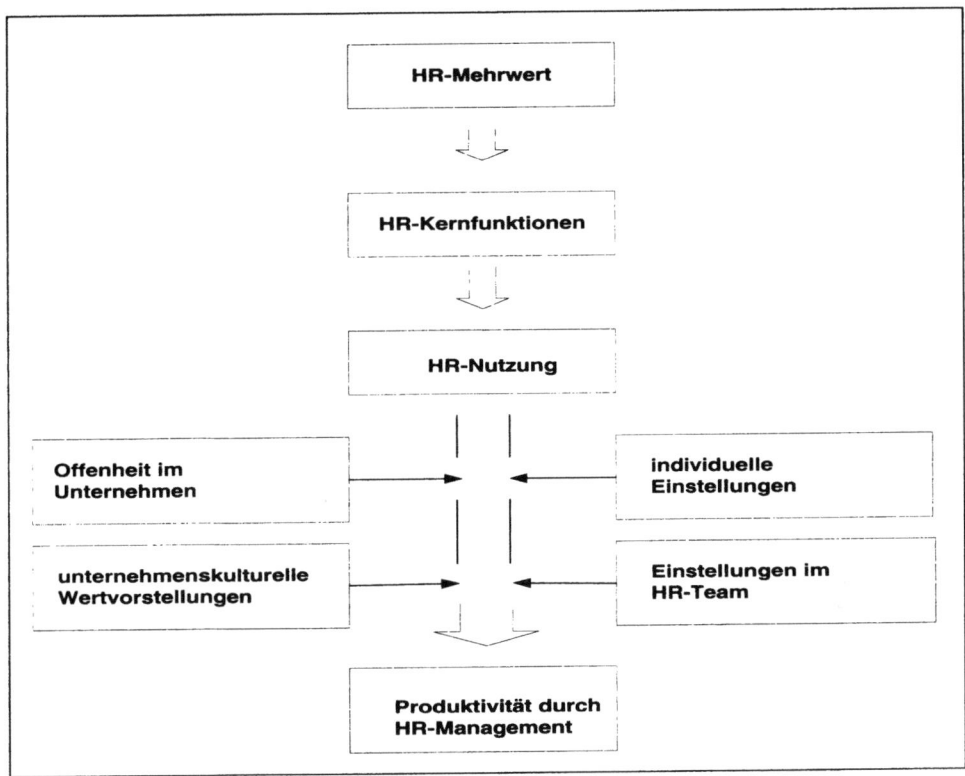

Abbildung 3: Human Resources als Produktivfaktor

Wie in grundsätzlichen Change-Management-Prozessen, so ist auch die Transformation von Human Resources hin zu einem Wertschaffungsprozess zunächst eine Frage des „organisationalen Mind-set". Es ist grundsätzlich ausgeschlossen, Grundüberzeugungen und Werte einer Organisation zu ignorieren, wenn eine solche Transformation ansteht. Aus diesem Grunde sollte man sich zunächst mit Hilfe von Zugangsfragen wie diesen dem Problem nähern:

- Worin liegt der Mehrwert der Human-Resources-Funktion für das Unternehmen bzw. für die Unternehmensleitung heute?

- Welche Funktionen im Human-Resources-Bereich werden z. Zt. als interne Kernfunktionen betrachtet?

- Auf welche Weise nutzt die Unternehmensleitung die Human Resources-Funktion?

31

- Wenn es Ansätze strategischer Einbindung gibt, sind diese auf bestimmte handelnde Personen oder eher auf grundsätzliche Prozesse zurückzuführen?

- Welche Offenheit besteht, klassische Rollenzuordnungen zu verändern?

- Bin ich als Human Resources-Manager bereit, die Verantwortung und Unsicherheit einer veränderten Rolle zu tragen?

- Wird das Human Resources-Team diese Entwicklung unterstützen und bewältigen?

Über diese Zugangsfragen lässt sich ein individuelles Passungsprofil erarbeiten, das zumindest einige der Problembereiche offen legen dürfte. Es kann, wenn Unternehmensführung und Human Resources gemeinsam die nächste Umsetzungsstufe angehen, höchst individuelle Ausformungen annehmen.

Was können die nächsten Schritte sein auf dem Weg in eine wertschaffende Funktion von Human Resources? Eine Bedarfsanalyse auf Seiten der Unternehmensführung brächte uns eine weitere Konkretisierungsstufe. Doch Vorsicht! Allzu schnell nimmt eine solche Bedarfsanalyse eine einseitige Position ein und wird zur Auflistung aller der Aspekte, die die Unternehmensleitung schon immer bei Human Resources vermisste bzw. deren Ausführung noch aussteht. Aus diesem Grund muss eine Bedarfsanalyse den dialogischen Charakter einer ganzheitlichen Betrachtung haben und auch den potentiellen Input einer proaktiv arbeitenden Human Resources Abteilung mit einbinden. Konkret heißt das, dass nicht einseitig Bedarf ermittelt wird, sondern die Sinnhaftigkeit bestimmter Bedarfe schon in der Diskussion hinterfragt und gegebenenfalls justiert wird.

Die Abbildung 4 auf der nächsten Seite macht deutlich, was genau Führungskräfte grundsätzlich von ihren Human Resources Abteilungen erwarten:

Seltener werden klassische Human-Resources-Kenntnisse etc. genannt, da diese zu den Selbstverständlichkeiten gehören, während die aufgezählten Aspekte die betreffende Person erst in die Lage versetzen, in strategischen oder Geschäftsführungsmeetings entsprechend als vollwertiges Mitglied aufzutreten. Ein weiterer Schritt in die Richtung, Human Resources zu einem wertschaffenden Prozess auszubauen, liegt jenseits der individuellen Kompetenz sowie des „Produktmarketings Human Resources". Hier muss es glasklare Erfolgskontrolle geben. Wie in jedem wertschaffenden Bereich, so muss auch das Human-Resources-Segment seine Erfolge in Zahlen belegen könne. Dies ist jedoch einfacher gesagt als getan, entziehen sich doch klassisch „weiche" Human Resources-Prozesse bzw. deren Effekte üblichen betriebswirtschaftlichen Messverfahren und Verfahren der Erfolgskontrolle.

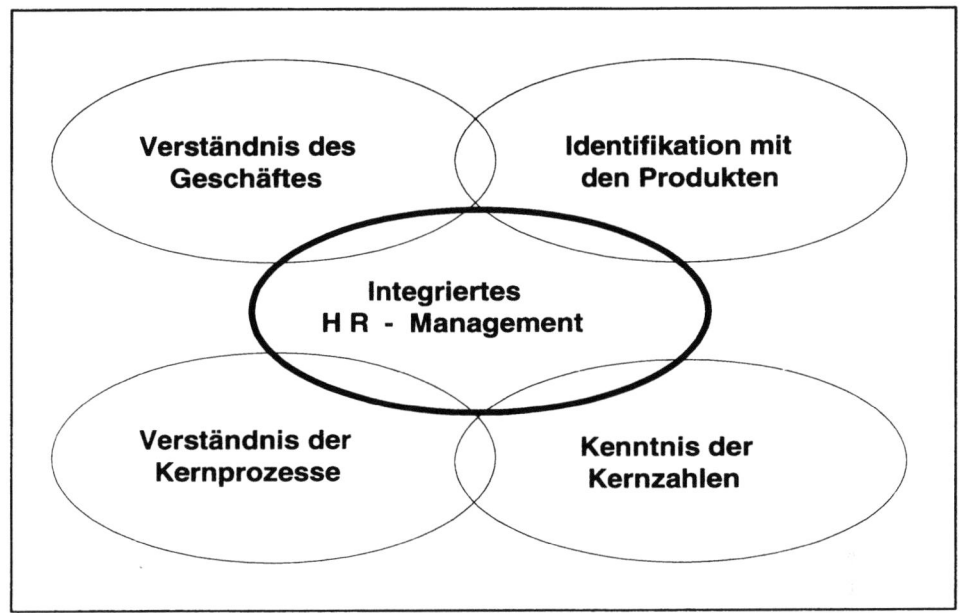

Abbildung 4: Erwartungshaltungen an die Human-Resources-Abteilungen

Erfolgskontrolle muss daher auch schon dem neuen Verständnis von Human Resources als strategischem Business-Partner entsprechen, was selbst ein wertschöpfender Bereich ist. Somit stehen nicht mehr die üblichen, mittlerweile weit gebräuchlichen Standard-kennzahlen, wie zum Beispiel Zahl der Bewerbungen, Zahl der Interviews, Zahl der Einstellungen, Kosten pro Einstellung oder für den Personalentwicklungsbereich, die Kosten pro Trainingstag etc. zur Diskussion, sondern es geht letztlich um die Frage „Welche Implikationen haben diese oder jene Trainings auf die Produktivität, Zufriedenheit etc. der Mitarbeiter gehabt?". Es geht jetzt um Fragen wie „Welchen Einfluss hatten bestimmte Recruitingaktivitäten auf die Umsatzzahlen des letzten Monats/Jahres?", „Wie bedeutsam waren diese Aktivitäten für unsere strategische Ausgangsposition zu Beginn des letzten Quartals?" etc.

Die Entwicklung von entsprechenden Mess- und Controllingsystemen ist sicherlich schwierig. Andererseits geht sie Hand in Hand mit der Definition neuer strategisch orientierter Aufgaben für Human Resources. Schließlich noch ein weiterer Aspekt, der Grundbedingung für den Transfer von der klassischen Human-Resources-Funktion in die strategisch-wertorientierte darstellt: das passende Team! Es ist eine Illusion anzu-nehmen, dass die Human-Resources-Funktion als Gesamtprodukt einer Abteilung einen solchen Wandlungsprozess erfolgreich bewältigen kann, wenn nicht jeder Einzelne im Human-Resources-Team den Ansatz stärkt. Natürlich lässt sich im Sinne einer „Gewinn-Verlust-Rechnung" durchaus erkennen, ob es sich lohnt, den mühsamen Weg der Veränderung zu gehen, auch wenn nicht alle mitziehen. Jedoch sollte jedem klar sein, dass diejenigen, die die Veränderung nicht mittragen, eher früher als später als nicht mehr zu den Kernprozessen gehörend definiert werden mit all den Konsequenzen, die das beinhaltet.

Ein letzter Aspekt, der die Entwicklung der wertschöpfenden Human Resources-Funktion vorantreibt, ist schließlich der Aufbau von Kompetenz-Centern, die in der klassischen Personalorganisation nicht vorkommen, für die jedoch Human Resources eine logische Verantwortung übernehmen könnte:

Human Resources ist der zentrale Koordinationspunkt für Unternehmensentwicklung, Change Management sowie alle Segmente, die sich mit dem Wissensmanagement in der Organisation befassen. Hierzu sind neue Kernfunktionen aufzubauen oder zu integrieren, die meist irgendwo in der Organisation schon existieren. Mit der Weiterentwicklung dieser Funktionen wird Human Resources zu einem Zentralbereich moderner Unternehmen.

Anders ausgedrückt könnte man sagen, Human Resources wird entweder zur Zentralfunktion eines zeitgemäßen Unternehmens oder zur Residualfunktion, deren wichtigere Aufgabenanteile von anderen Organisationsteilnehmern übernommen werden.

2.3 Human Resources als Wettbewerbsvorteil

Bisher war die Rede davon, auf welche Weise sich Human-Resources-Abteilung und Human-Resources-Verantwortlichkeiten ändern müssen, um den dynamischen Rahmenbedingungen einer neuen Ökonomie standhalten zu können bzw. innerhalb dieser Rahmenbedingungen einen echten Mehrwert leisten zu können.

Diese Überlegungen haben jedoch auch eine Außenwirkung. Von diesen Außenwirkungen im Sinne eines Wechselwirkungsgefüges zwischen veränderten Human-Resources-Zielen und -Aufgaben einerseits und deren organisationalem Umfeld andererseits soll im Folgenden die Rede sein.

Zunächst sind in diesem Zusammenhang die Märkte selbst wichtig. Von neuer Ökonomie wäre keine Rede, hätte sich nicht das Börsensegment des Neuen Marktes international bis zum Sommer 2000 dramatisch entwickelt und zu der Postulierung der

New Economy geführt (Näheres hierzu auch im ersten Kapitel). Der Absturz bis zum Jahresende 2000 hat dann dafür gesorgt, dass sich einerseits Ernüchterung einstellte, andererseits eine Trennung der wirklich erfolgreichen von den nur kurzfristig aufleuchtenden Unternehmenssternchen erfolgen konnte. Die erfolgreichen Unternehmen dieses Segments – wenn man so will die Vorbilder der New Economy – stehen heute mehr oder weniger deutlich vor der Frage, wie sie ihre rasant gewachsene Mitarbeiterschaft organisieren ohne überzustrukturieren, zu bürokratisieren etc. In diesen Unternehmen stellt sich die Frage des Human Resources Management tatsächlich neu! Und die Beantwortung der Frage ist wiederum relativ naheliegend:

Anstatt eine klassische Personaladministration aufzubauen, werden im Sinne des oben Beschriebenen kleine Kompetenz-Center als strategische Business-Partner aufgebaut. Human Resources rückt hier in die Unternehmenssteuerung und übernimmt zentrale Schaltfunktionen. Komplizierter stellt sich die Situation in den Unternehmen dar, die eben nicht klar zu den erfolgreichen Neugründungen des Neuen Marktes gehören, sondern die schon vorher existent, profitabel und gegebenenfalls „groß" und strukturiert waren. Für diese Unternehmen hat sich die Situation ebenfalls verändert und es stellt sich die Frage, ob die Human-Resources-Abteilungen so weiter machen können, wie sie bisher verfahren haben. Die Antwort heißt natürlich: Nein! Da diese Organisationen, von der Seite der „Bricks and Mortar"-Unternehmen kommend, zunehmend damit begonnen haben, sich strategisch auf die veränderten Marktbedingungen einzustellen, E-business zu einem integrierten Bestandteil ihres Portfolios zu machen bzw. neue entsprechende Applikationen zu entwickeln, müssen die Veränderungsprozesse hier mit eben der gleichen Geschwindigkeit vollzogen werden. So weit, so gut, nur sind hier die Veränderungsprozesse ungleich komplizierter, da der Ballast der gesamten Unternehmensgeschichte auf den Schultern der Mitarbeiter lastet. In einem solchen Umfeld müssen sich Change Manager wirklich beweisen. Hier geht es wirklich darum, den weiter oben beschriebenen Schritt des Human Resources-Transfers mit Leben zu erfüllen und Wirklichkeit werden zu lassen. Da dieser Typus von Organisation immer noch der am weitesten verbreitete ist, stellt sich im Grunde die alte Frage des Change Management neu. Nur muss sie – was Human Resources betrifft – heute mit „Total Change Management" treffender beantwortet werden.

Inwiefern stellt Human Resources in einer solchen Umwelt einen Wettbewerbsfaktor dar? Die Antwort ist zweigeteilt. Intern stellt ein entsprechend strategisch ausgerichtetes Human Resources Management einen Wettbewerbsfaktor dar, da sich die Unternehmensentwicklung nicht von den Entwicklungen der eigenen Mitarbeiter abkoppeln lässt. Extern stellt Human Resources in einer solchen Umwelt einen Wettbewerbsfaktor dar, da Unternehmen, die sichtbar auf zukünftige Belange ausgerichtet sind, gerade in unsicheren Zeiten erheblich attraktiver sind als Unternehmen, deren Strukturen die Bedarfe von gestern widerspiegeln. So wird also die Human Resources-Funktion im Bewerberkontakt zunehmend zu einer trennscharfen Größe bei der Entscheidung von Kandidaten (vgl. Kapitel 3).

Neben der Entwicklung der Märkte selbst sind natürlich andere Aspekte ebenfalls dafür verantwortlich, dass Human Resources eine Wettbewerbsfunktion zufällt. So zum Beispiel die Tatsache, dass es in den letzten 5 Jahren mehr Unternehmensfusionen gab als in den 25 Jahren zuvor zusammengenommen. Schaut man auf den Verlauf dieser Fusionen, die teilweise den Charakter von echten Megadeals hatten, so stellt man fest, dass erstens die Verhandlungen von gelungenen Fusionen in sehr kleinem Kreis besprochen und bis zur Verkündung nahezu niemandem bekannt gemacht wurden und dass zweitens die Mehrzahl der Fusionen aufgrund der Kennzahlen nach einer bestimmten Zeit ökonomisch kaum Sinn machen.

Diese beiden Umstände müssen näher betrachtet werden, da ein Ende des Fusionsfiebers nicht in Sicht zu sein scheint und kartellrechtliche Bedenken alle Fusionswilligen kaum zu beeindrucken vermögen. Fusionsanbahnungen scheinen die geheimsten Prozesse unseres Wirtschaftslebens zu sein. Fusionsumsetzungen wiederum werden zwar breit in der Öffentlichkeit diskutiert, sind jedoch unternehmensintern die am schlechtesten kommunizierten Veränderungen überhaupt. Nur ganz wenige Fusionen sind relativ schnell erfolgreich. Ökonomische Lehrstücke – auch wenn sie oft dafür gehalten werden – sind sie meistens nicht. Die Frage, wer schluckt wen und zu welchem Preis - ist sie einmal entschieden, scheint das einzig Wichtige der Fusionsprozess zu sein. Die Rolle der so genannten Post Merger Integration wird nahezu immer unterschätzt.

Genau an dieser Stelle setzt eine strategisch ausgerichtete Human Resources-Funktion an. Vielfältige Rollen sind für die Experten einer neuen Human Resources-Funktion denkbar, wenn es um die Integration zweier Organisationen, Strukturen und Kulturen geht. Die Rolle von Human Resources wird dabei um einen weiteren Aspekt ergänzt, der über den klassischen Change Agent weit hinaus geht. Prozessmoderation ist gefragt!

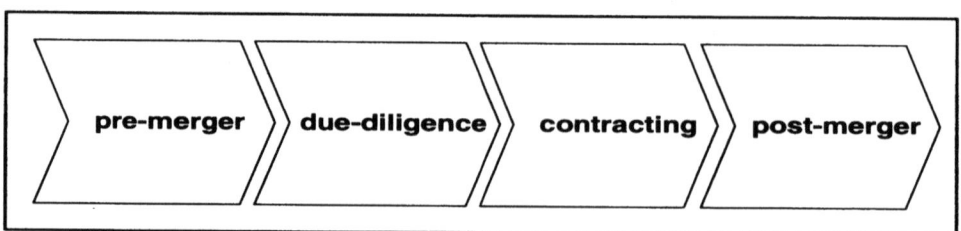

pre-merger due-diligence contracting post-merger

Abbildung 5: Human Resources als Prozessmoderator im Fusionsprozess

Der Human-Resources-Prozessmoderator braucht die volle Rückendeckung der Unternehmensspitze und ist dann in der Lage, Veränderung zu initiieren. Dafür muss er verstehen, warum es schwierig ist, die Organisation/en zu verändern, welche Prozesse er

36

für die Veränderung einsetzen kann und wie es ihm gelingt, persönliche Effektivität bei sich und anderen während des Prozesses zu steigern. Grundlage dafür ist ein Verständnis der Ängste vor der Fusion bzw. vor der Veränderung sowie Maßnahmen dagegen (vgl. Kapitel 4).

Fusionen beinhalten immer Zeiten maximaler Unsicherheit und es soll nicht geleugnet werden, dass es einen erheblichen Unterscheid macht, ob man in der Human-Resources-Organisation der kaufenden oder der gekauften Organisation tätig ist. Für beide gilt jedoch, dass es gute Ausgangspositionen sind, die Rolle der Prozessmoderation zu übernehmen. Vorausgesetzt, der strategische Schulterschluss mit der Unternehmensführung besteht.

Ein weiterer Aspekt, der Human Resources zu einem kritischen Wettbewerbsfaktor macht, ist die viel diskutierte Globalisierung. Die Anforderungen an zeitgemäßes Human Resources Management haben sich nicht zuletzt durch die zunehmende Internationalisierung der Wirtschaft deutlich verändert. Dabei ist weniger die hinlänglich geführte Debatte um Sprachkenntnisse, globale Human-Resources-Policies, multikulturelle Ansätze etc. gemeint. Diese sind vielmehr Selbstverständlichkeiten in einer globalisierten Wirtschaft. Entscheidender für die Zukunft wird sein, inwiefern es dem Human-Resources-Verantwortlichen gelingt, in den neuen Arbeits- und Lebenswelten Navigationshilfen zu bieten (vgl. hierzu Abschnitt 2.5). Diese neuen Arbeits- und Lebenswelten sind dabei zu entstehen. Sie lassen als dominante Umsysteme immer mehr die staatlichen oder nationalen Systeme hinter sich und dominieren die Lebens- und Arbeitswelt des Einzelnen.

Die Tatsache, zu einem Megakonzern globalen Ausmaßes zu „gehören", wird in Zukunft für das tägliche Leben wichtiger sein, als Bürger eines bestimmten Landes zu sein. Diejenigen, die nicht in einem solchen Megakonzern arbeiten, sind durch ihre (kleineren) Arbeitgeber in Netzwerke eingebunden, die meist über den Charakter der heute bekannten Dienstleistungspartnerschaften hinausgehen (vgl. hierzu auch Gassert, Prechtl und Zahn, 1998). Diese globalisierte und ökonomisierte Welt verlangt andere Funktionen von Human Resources. Hier werden umfassende Konzepte gefordert sein, von denen heutzutage kaum vage Vorstellungen herrschen.

Die entscheidende Frage heute ist, in welcher Form können sich die Human Resources-Verantwortlichen auf diese neuen Herausforderungen vorbereiten bzw. einstellen. Die Antwort darauf ist komplex, da die Rahmenbedingungen bislang hypothetisch und teilweise unklar sind. Fest steht jedoch, dass Human Resources-Systeme mit den Prozessen dieser Mega-Umsysteme bzw. der entsprechenden Netzwerke eng verknüpft sein müssen. Ein Beispiel: Der Kauf von bestimmten Produkten bzw. Dienstleistungen ist für ein Unternehmensmitglied attraktiv, da Bonuspunkte, Meilen etc. innerhalb eines bestimmten Kooperationsnetzwerkes hierfür vergeben werden. Da diese Struktur den gesamten Alltag überspannt, könnten solche Punktesysteme zum Beispiel eine wichtige Rolle bei unternehmensspezifischen Bonus- oder Benefit-Programmen einnehmen. Es wäre nur logisch, wenn Programme dieser Art bei Human Resources koordiniert würden. Der Mitarbeiter selbst entscheidet nicht nur, wie er diese Punkte umsetzt, sondern löst sie – innerhalb seines Netzwerks – auch selbst ein. Dies ist nur ein einfaches Beispiel, aber es sind zahlreiche Fragestellungen denkbar, in welchen Human Resources eine Leitrolle für die Navigation in komplexen Umwelten einnehmen könnte.

Die angeführten Aspekte haben nochmals herausgestellt, dass Human Resources ein Wettbewerbsvorteil für das Unternehmen sein kann. Es wurde deutlich, dass dies jedoch nur im Zusammenhang mit Human Resources als strategischem Business-Partner gelingen kann, wenn dem Personalwesen eine wertschaffende Funktion zufällt. Human Resources-Prozesse hängen jedoch maßgeblich von den Strategien des Unternehmens ab, sodass dieser Zusammenhang im Folgenden nochmals explizit aufgegriffen werden soll.

2.4 Unternehmensstrategien und Human-Resources-Prozesse

Fasst man den momentanen Forschungsstand zum Thema Unternehmensstrategie zusammen, so ergibt sich folgendes Bild:

Unternehmensstrategien leiten sich oftmals ab aus der Marktposition, einer internen Stärken-Schwächen-Analyse (SWOT) und den Präferenzen des Management! Der Nachteil dieser traditionellen Betrachtung ist ihre vorwiegende Vergangenheitsorientierung bzw. fehlende Zukunftsorientierung. Aus diesem Grunde haben sich neuere Modelle durchgesetzt, die eine ausgewiesene Blickrichtung nach vorn haben. Der Nachteil dieser Modelle ist ihre Komplexität. Im Sinne der Habermas'schen „neuen Unübersichtlichkeit" werden jedoch nur diese Modelle der ebenso komplexen Realität halbwegs gerecht. Im Folgenden wird beispielhaft eins dieser Modelle vorgestellt, da es sich ausgesprochen gut dazu eignet, Human-Resources-Prozesse zu integrieren bzw. mit zu erfassen.

Wichtige Informationen haben immer mit Unterschieden zu tun. Zum Beispiel der Unterschied zwischen aktuellem und geplantem Marktanteil oder dem erreichten Zuwachs an Mitarbeitern und dem wünschenswerten etc. Die heutige Unternehmensumwelt ist dabei gekennzeichnet von zwei grundsätzlichen Entwicklungen:

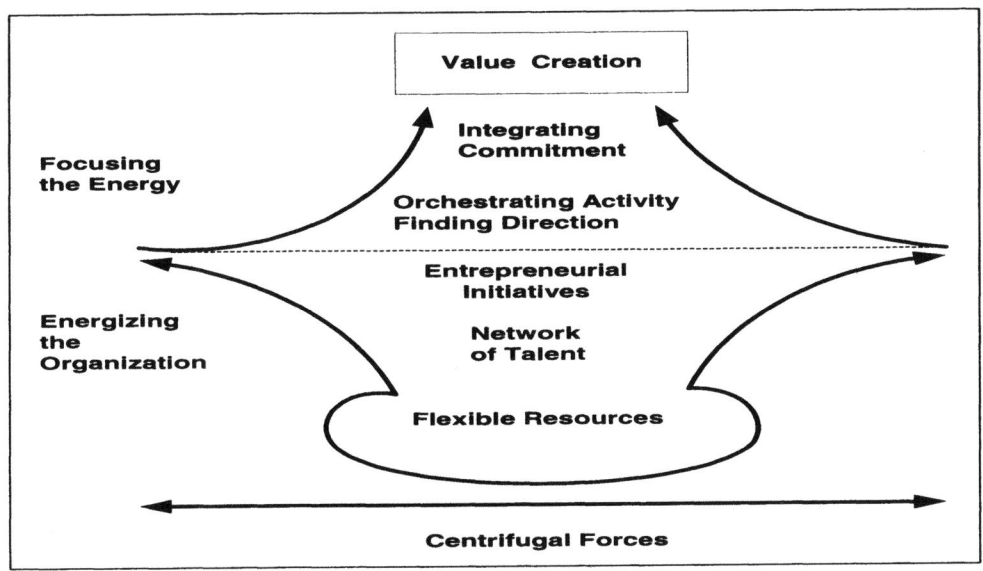

Abbildung 6: Das Energy-Focus-Modell (nach Strebel 2000)

- der Unterschied zwischen dem erwarteten Wert verändert sich *schneller* als vorausgesagt und

- der Unterschied zwischen dem erwarteten Wert und dem tatsächlichen Wert verändert sich *stärker* als vorausgesagt.

Auf alle Ereignisse im Rahmen der Diskussion um die New Economy ist dieses Muster beispielsweise anwendbar.

Diese Entwicklungen bedingen nunmehr eine andere Art von Strategieentwicklung, will man vermeiden, von den Ereignissen überrollt zu werden. Paul Strebel (2000) nennt sein Strategiemodell „Energy Focus", da es die „natürlichen" Energien der Organisation bündelt bzw. fokussiert. Im Einzelnen werden dabei zwei grundsätzliche Energierichtungen in Unternehmen postuliert, die für jeden leicht nachvollziehbar sind: Erstens eine zentrifugale Kraft, die die Organisation erweitert. Hierzu gehören zum Beispiel flexible Arbeitskräfte, interner Wettbewerb, unternehmerische Initiativen etc. Diese Kräfte energetisieren, stärken die Organisation. Eine zweite Kraft hat eher eine Bindungswirkung. Sie versucht, alle die freigesetzten Energien auf ein Ziel hin zu bündeln. In diese Kategorie fallen zum Beispiel richtunggebende Impulse, Führung, Kontrolle von Aktivität, Sicherstellen der gemeinsamen Zielsetzung etc. Strebel postuliert nun keine Abfolge dieser beiden wirkenden Kräfte nach dem Motto, erst Energien erweitern, dann bündeln, sondern er postuliert ein permanentes Pulsieren bis hin zur Parallelität der beschriebenen Aktivitäten. Dieser Prozess ist in Abbildung 6 dargestellt.

Dieses Pulsieren von „divergence" und „convergence" ist der Lebensnerv der Organisation und damit auch die Richtschnur für Aktivitäten einer strategisch ausgerichteten Human Resources Abteilung. Der eine Impuls treibt Offenheit, Ideen, Innovation, neue Geschäftsfelder für die Organisation voran, der gegenläufige Impuls stellt interne Kontrollmechanismen auf, die einen Wildwuchs dieser Tendenzen verhindern. Human Resources kann und darf nicht nur der einen oder der anderen Richtung angehören. Human Resources ist keine Kontrollfunktion allein, kann jedoch auch nicht nur Motor der Entwicklung sein. Die Aussage der strategischen Einbindung von Human Resources erfasst damit grundsätzlich beide Seiten, divergente *und* konvergente Strömungen. Dies ist eine grundsätzliche Paradoxie im Rahmen von organisationalen Anforderungen (vgl. Kapitel 1). Hierzu wiederum ein Beispiel:

Mit zunehmender Größe neigt ein Unternehmen dazu zu konvergieren, d. h. Strukturen aufzubauen, die kontrollierend und regulierend wirken. Im Sinne des oben beschriebenen strategischen Ansatzes muss eine Auflockerung im Sinne divergenter Prozesse erfolgen. Dies könnte zum Beispiel die Einführung absichtlicher „Störungen" bzw. das Hinterfragen etablierter Abläufe sein. Human-Resources-Prozesse bzw. -Aktivitäten könnten hier zum Beispiel greifen. Dies kann ein beispielhafter Ansatz für neue strategieübergreifende Anwendungsfelder im Human-Resources-Bereich sein.

Welches sind nun auf der Basis dieser Erkenntnisse die neuen Kernaufgaben von Human Resources? Einige sind bereits zur Sprache gekommen und es wurde deutlich, dass nicht viele von den klassischen Human-Resources-Aufgaben darunter sind. Aus diesem Grunde vorweg die Frage: Wo bleiben diese klassischen Kerntätigkeiten? Die Frage kann einfach beantwortet werden: Viele dieser klassischen Human Resources-Funktionen werden außerhalb des Unternehmens an Spezialisten vergeben. Einige administrative Funktionen bleiben im Unternehmen aus rechtlichen Gründen erhalten, binden aber nur minimale Kapazität, da Datenpflege zum größten Teil durch IT-gestützte Systeme von den betreffenden Mitarbeitern selbst vorgenommen wird. Sogenannte Human Resource Information Systems (HRIS) werden zahlreiche klassische Funktionen der Datenpflege vollkommen automatisieren. Wenn also diese Funktionen in Zukunft entweder automatisiert oder outgesourced werden, was bleibt für Human Resources?

Neben dem weiter oben Gesagten müssen folgende Kernbereiche für zukünftiges Human Resources Management definiert werden:

- Rekrutierung (vgl. Kapitel 3),

- Entwicklung und Kompetenz-Center für die lernende Organisation (vgl. Kapitel 4),

- Mitarbeiterbeurteilung,

- Wachstumscoaching,

- Professionalisierung und „Strategisierung",

- Kulturbeeinflussung,

- Koordinator für Wissensmanagement,

- Kompetenz-Center für Unternehmensentwicklung und Strategie.

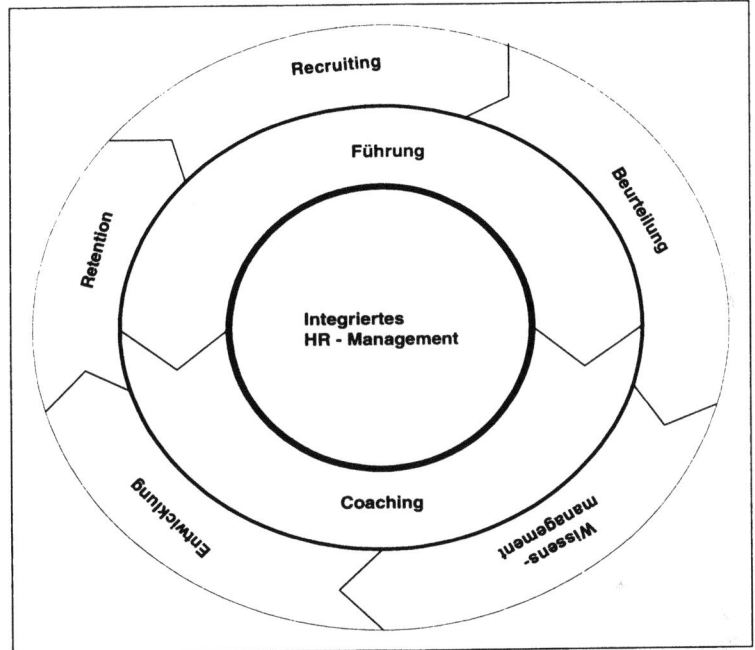

Abbildung 7: Kernbereiche des zukünftigen Human Resources Management

Eine zentrale Rolle kommt der Mitarbeiterbeurteilung zu. Auch hier sollte unser Verständnis losgelöst von tradierten Formularen mit vielen Ankreuzmöglichkeiten sein. Mitarbeiterbeurteilung wird in Zukunft drei Elemente miteinander verbinden:

- Ein ausführliches Feedback im Sinne eines Führungs- und Entwicklungsgesprächs,

- die persönliche Zuordnung eines Mentors, der hierarchiefrei die Entwicklungs-möglichkeiten des einzelnen Mitarbeiters fördert und

- einen dialogischen Austausch im Gegensatz zu einer fremdbestimmten, von Formularen geleiteten Floskelhaftigkeit.

Wie soll ein solches Konzept realisiert werden?

- Erstens indem die Entwicklungsziele der einzelnen Mitarbeiter die strategischen Ziele des Unternehmens widerspiegeln. Dies lässt sich relativ einfach umsetzen.

- Zweitens indem nur das minimale Maß an Formalisierung der Gesprächsleitfäden vorgelegt wird.

- Drittens werden die Entwicklungsziele der Mitarbeiter wiederum zu den Zielvorgaben der Mentorengruppe gehören.

Human Resources hat in diesem Prozess eine zentrale Koordinationsfunktion, die auch entsprechende Sanktionsmöglichkeiten beinhalten muss. Die Schulung der Mitarbeiterschaft für ein so offenes System wird ebenfalls Human Resources angegliedert sein.

Wachstum ist essenziell und die Vorbereitung einer Organisation bzw. ihrer Mitarbeiter auf den nächsten Wachstumsschub ist eine klare neue Human-Resources-Aufgabe. Der kontinuierliche Prozess des individuellen Wachstums der eigenen Weiterentwicklung (vgl. Kapitel 4) läuft nicht immer parallel mit der organisatorischen Wachstumskontrolle. Hier als stabilisierendes Element einzugreifen bzw. durch entsprechende Coachingmaßnahmen zu helfen, ist eine zentrale Aufgabe von Human Resources in wachsenden und/oder fusionierenden Unternehmen. Aus dem Blickwinkel des betroffenen Individuums soll hierauf nochmals im folgenden Abschnitt eingegangen werden.

Professionalisierung und „Strategisierung" sind Prozesse, die weiter oben bereits angesprochen wurden. Zusammenfassend kann hierzu gesagt werden, dass die internen Entwicklungsschritte eines Human Resources-Teams nicht vernachlässigt werden dürfen. Nur eine ständige Reflexion des eigenen Tuns an den Unternehmenszielen und Strategien kann letztlich zu der Art von Integration führen, die weiter oben beschrieben bzw. gefordert wurde. Dieses ist durchaus als dauerhafter Prozess zu sehen. Das heißt, dass ein finaler Zustand hierbei nur eine Illusion sein kann. Im Sinne der konvergenten und divergenten Energien muss das „Pulsieren" der Organisation im Human Resources-Bereich nicht nur erlebbar sein, sondern (teilweise) hier seinen Ursprung haben.

Kulturbeeinflussung ist ein indirekter Auftrag an Human Resources. Hierbei geht es üblicherweise nicht um direkte Maßnahmen, sondern eher um sanfte Beeinflussung. Dabei sind sowohl konvergente als auch divergente Strategien denkbar. Die Schnittstellenexistenz von Human Resources erlaubt in herausragender Weise, gezielt (und teilweise wenig visibel) entsprechenden Einfluss auszuüben. Oftmals ist auch das Schließen von Rückkopplungsschleifen schon ausreichend und die kulturellen Systeme justieren sich selbst.

Dieser Punkt hängt eng zusammen mit einer weiteren Human Resources-Kernfunktion: Der Koordination für „Knowledge Management". Im Schnittpunkt verschiedener organisatorischer Prozesse und/oder Strukturen fällt Human Resources eine besondere Funktion der Koordination zu. Diese ist eng verknüpft mit dem Bereich der Mitarbeiterentwicklung (vgl. Kapitel 4) und hat für das Unternehmen zentrale bestandsichernde Bedeutung: die Koordination des Wissens! Dies kann logischerweise nur die Aufgabe der gesamten Organisation sein, benötigt jedoch in jedem Fall eine koordinierende Instanz. Die Gefahr liegt (wie so oft) darin, dieser Instanz die alleinige Verantwortung zuzuschreiben, was in jedem Fall fatale Folgen hätte. Es geht nunmehr darum, eine Koordinationsstelle zu schaffen, die die zahlreichen Einzelaktivitäten zum Thema „Wissensmanagement" in der Organisation bündelt und integriert.

Der Informationsleistung kommt ohnehin zentrale Bedeutung zu, da die einzelnen Kernfelder von Human Resources eng miteinander verzahnt sind. Eine weitere umfassende Leistung von Human Resources wird die Schaffung eines Kompetenz-Centers für Unternehmensentwicklung und Strategien sein. Dies ist daher von so zentraler Bedeutung, da an keiner anderen Stelle in Unternehmen bereichsspezifische Strategien etc. wertfreier mit der Gesamtstrategie in Einklang gebracht werden können. Dass dies natürlich nur funktioniert, wenn die Unternehmensleitung Human Resources längst als Business-Partner akzeptiert hat und Entscheidungen gemeinsam getroffen werden, versteht sich von selbst.

In diesem Abschnitt wurde versucht, einige Überlegungen zur Entwicklung der Unternehmensstrategie in Übereinstimmung mit Human Resources-Prozessen zu bringen, die in Zukunft zentrale Bedeutung haben werden. Ebenso bedeutsam wie dieser interindividuelle Ansatz ist jedoch auch eine intraindividuelle Betrachtung, die Befindlichkeiten des Individuums in einer sich stark verändernden Welt in den Mittelpunkt rückt. Diese Aspekte im Zusammenhang mit neuen Anforderungen an Human Resources stellen den Kern der Überlegungen im nächsten Abschnitt dar.

2.5 Das Individuum im Ausnahmezustand –
Human Resources in heikler Mission

Wandlungsprozesse innerhalb des Unternehmens sowie im ökonomischen System überhaupt haben massive Einflüsse auf das Individuum. Die Menschen, die in den geschilderten dynamischen Zuständen nicht nur leben, sondern auch ihrer Rolle und Position entsprechend agieren sollen, bedürfen einer gesonderten Betrachtung. Insbesondere dem Human Resources-Bereich fällt dabei eine Schlüsselposition zu, ist er doch im ureigensten Sinne der Bereich des Unternehmens, in welchem „People Care" am ehesten anzusiedeln wäre. In diesem Zusammenhang darf jedoch nicht in sozialromantischer Weise der Blick verklärt auf Aspekte bzw. Zuständigkeiten der Menschen in der Organisation allein gerichtet werden. Viel wichtiger und – vor dem Hintergrund des Gesagten – zielführender ist die Betrachtung der Wechselwirkung zwischen Umwelt und Individuum unter der Perspektive eines neuen Human Resources Management.

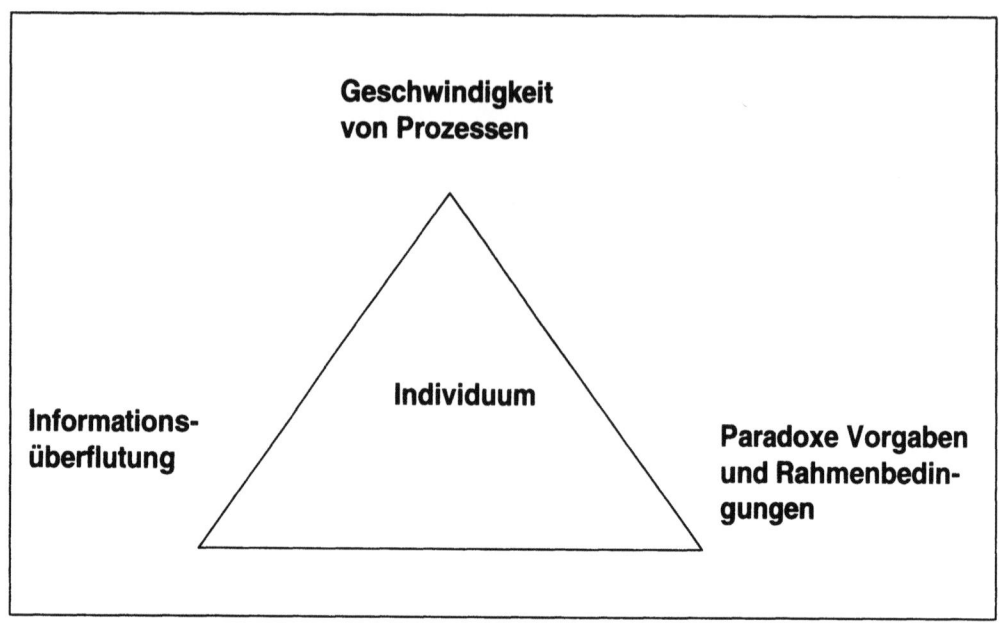

Abbildung 8: Das Individuum im Spannungsfeld moderner Anforderungen

Beispielhaft werden dazu im Folgenden drei Themenkreise angesprochen, die charakteristisch für das beschriebene Spannungsverhältnis sind:

1. Umgang des Einzelnen mit der Geschwindigkeit von Abläufen,

2. Umgang des Einzelnen mit Informationsüberflutung und

3. Umgang des Einzelnen mit unklaren oder paradoxen Vorgaben bzw. Rahmenbedingungen.

Wie kein zweiter hat der Philosoph Paul Virilio sich in jüngster Zeit mit der Frage des Individuums in der technisierten Welt des 21. Jahrhunderts auseinandergesetzt. Im Mittelpunkt seiner Überlegungen steht dabei der Gedanke, dass eine Überforderung des Einzelnen im Umgang mit einer sich spiralförmig entwickelnden Geschwindigkeitszunahme eintritt. In seinem Essay „Fluchtgeschwindigkeit" von 1996 zeichnet Virilio das Bild einer sich unendlich beschleunigenden Entwicklung, die in „rasendem Stillstand" endet. Er beschreibt die immer stärker werdende normative Kraft, den Druck, sich beispielsweise mit den neuesten Technologien auszustatten, um der Geschwindigkeit der Managementwelt überhaupt noch gerecht werden zu können. Und in der Tat, während noch vor 15 Jahren einige wenige Menschen in den westlichen Industriegesellschaften Mobiltelefone benutzten, ist eine Führungskraft, die heute ohne Mobiltelefon angetroffen wird, ein Anachronismus und oftmals untragbar. „24 Stunden erreichbar", „vollkommen mobil", „ständig im Netz", so oder so ähnlich lassen sich Anforderungen an Führungskräfte *aller* Ebenen heute formulieren.

Die sogenannten Echtzeittechnologien (Mobiltelefon, Internet etc.) verändern jedoch drastisch unseren Umgang mit Entfernungen und verändern unser Bild davon. Alles ist überall ständig verfügbar (vgl. Kapitel 1). Das Problem, das sich hieraus für den Menschen ergibt, ist, dass dies nicht unserer Natur oder Denkweise entspricht. Die Balance zwischen wirklicher und virtueller Welt verschwimmt bis zu dem Punkt, wo die virtuelle Welt die einzig wirkliche wird. Diese Verschiebung wird in einer Geschichte deutlich, die der deutsche Regisseur Wim Wenders erzählt. Er verbrachte einmal einen Tag in fünf Städten zwischen Flughafen, Hotels und Besprechungsräumen. Der Filmemacher berichtet: „ Ich bestand darauf, zu Fuß in mein Hotel zurückzugehen, was zwar eine gute Stunde dauerte, aber gut tat. Zumindest für diese fünf Kilometer bewegte ich mich in meiner eigenen Zeit."

Geschwindigkeit und die Art und Weise, wie sie verarbeitet wird, hat elementar mit der Human Resources-Funktion zu tun, wie sie hier verstanden wird. Schließlich ist das Formulieren von individuellen Entwicklungsplänen, Zielvorgaben etc. nachdrücklich eine Funktion des Human Resources-Bereichs. Inwiefern hier die Unternehmenskultur grundsätzliche Normen vorgibt, kann nur in jedem Einzelfall analysiert werden. Der Umgang mit Beschleunigung, Zeit, Entscheidungsspielräumen etc. ist jedoch auch immer eine Funktion unternehmensinterner Vorgaben. Diese im Sinne einer Win/Win-Lösung sowohl für den einzelnen Mitarbeiter als auch für die Unternehmensführung nutzbar zu machen, ist eine (neue) Kernfunktion von Human Resources. Eine Katalysatorfunktion dieser Art erfordert Fingerspitzengefühl, Einfühlungsvermögen und natürlich breite Akzeptanz in der Unternehmensführung. Ohne eine solche Funktion werden wertvolle Mitarbeiter das Unternehmen frühzeitig verlassen, während andere Mitarbeiter innerlich kündigen werden.

Der zweite Aspekt, der im Sinne individueller Grenzen im Umgang mit sich stark wandelnden Umwelten betrachtet werden soll, ist bereits oft thematisiert worden: die Informationsüberflutung. Gerade das Internet hat in den letzten fünf Jahren dafür gesorgt, dass sämtliche Informationen jederzeit überall abrufbar sind. In der Praxis stellt sich daher heute eher die Frage der Informationsbegrenzung. Auf technischer Seite versucht man, mit der Entwicklung von Agenten (intelligenten Suchprogrammen) das

Netz auf der Basis individueller Suchprofile durchzukämmen und sich nur noch auf das individuell Wesentliche zu konzentrieren.

Die Mobilkommunikation sowie die Konvergenz der einzelnen Systeme führen in der Tat zu unüberschaubaren Informationsmengen, die täglich, stündlich, minütlich neu auf uns einprasseln. Neben einigen Zivilisationsasketen, die bewusst einige Kanäle kappen, bemüht sich der normale Mitarbeiter bzw. Manager nach Kräften, die wesentlichen Informationen abzugreifen und in der Flut des Unwesentlichen nicht unterzugehen. Dafür gibt es eine Vielzahl von Strategien. Zeit- und Informationsmanagement gehören zur Grundqualifikation des Führungsnachwuchses.

Welche Rolle spielt hierbei Human Resources? Keine, könnte man auf Anhieb feststellen. Und dennoch, wenn individuelle Informationsaufnahme bzw. -verarbeitung immer auch vor dem Hintergrund einer realen Beschäftigung in einer Organisation erfolgt, dann hat Human Resources eine zunehmend wichtige Rolle bei dem zur Verfügung Stellen von unternehmenswichtigen Informationen. Den Hintergrund dieser These bildet das Handlungsspielraummodell (vgl. Wiendieck 1999). Dabei wird davon ausgegangen, dass jedes Individuum prinzipiell danach strebt, Kontrolle über sein eigenes Handeln zu erlangen. Dies geschieht im Einzelnen durch die Tendenz, Tätigkeitsspielräume, Entscheidungsspielräume und soziale Interaktionsspielräume zu erweitern. Für unsere Fragestellung nun ist hauptsächlich interessant, was passiert, wenn diese Spielräume (beispielsweise durch das zur Verfügung Stellen von Informationen) extrem erweitert werden. Wiendieck beschreibt mögliche unerwartete Folgen auf drei Ebenen:

Auf personaler Ebene steht dem Zuwachs an Gestaltungsmöglichkeiten die Unsicherheit und Verantwortung einer Auswahl gegenüber. Auf interaktiver Ebene ergibt sich einerseits eine Kooperationsdimension, andererseits jedoch auch die Möglichkeit der Konfliktentstehung. Sicherlich kann das Entwicklungspotenzial auf der Organisationsebene bei zuviel Information schnell in Chaos umschlagen.

Human Resources hat demnach eine wichtige Funktion als „Informations-Broker". Vorausgesetzt, dass Human Resources als strategischer Partner der Geschäftsführung verankert ist, kann es zur Kernfunktion von Human Resources werden, die Informationen über Ziele, Optionen etc. in der Organisation zu managen bzw. zu gestalten. Dazu gehört auch das zur Verfügung Stellen von Informationskanälen sowie die klare Formulierung der Erwartungshaltung bezüglich. ihrer Nutzung.

Der dritte Aspekt im Rahmen der Diskussion individueller Begrenztheit und organisationaler Forderung betrifft die unklaren und teilweise paradoxen Vorgaben bzw. Rahmenbedingungen, in denen sich individuelles Handeln vollzieht. Eine Aufzählung einiger wesentlicher Paradoxien findet sich im ersten Kapitel.

Peter Littmann und Stephan A. Jansen (2000) haben in ihrem Buch „Oszillodox" zahlreiche weitere Beispiele zusammengetragen, wie paradox die heutige Unternehmensrealität sich den Handelnden darstellt. Ihre Empfehlungen sind zum Teil auch Aufträge an ein neues Human Resources Management: Nutzen Sie die Vorteile von virtualisierten Unternehmen! Paradoxien müssen in Abläufe und Prozesse integriert werden! Flexibilität ist der entscheidende Erfolgsfaktor! Kommunikation ist entscheidender als Produktion! Netzwerke ersetzen Hierarchien! Kundenorientierung wird ersetzt durch Kundenintegration!

Hieraus lässt sich ableiten, dass auch Grundsätzliches (wie zum Beispiel die Steuerungsform des Unternehmens) zur Disposition steht. Wenn dies so ist, dann wird auch die Rollendefinition von Human Resources ständigen Änderungen unterworfen sein. Die Tatsache, dass Risiken immer stärker von der Organisation auf den Einzelnen übergehen, erfordert zum Beispiel klare Human Resources-basierte Unterstützung. Solche Prozesse den freien Kräften allein zu überlassen, wäre fatal und die Entwicklung geeigneter Systeme zur Unterstützung des Einzelnen wird zur elementaren Human Resources-Funktion.

Diese Unterstützungssysteme müssen geeignet sein, dem Mitarbeiter die Virtualisierung von Unternehmensprozessen begreifbar zu machen bzw. ihn zu einem Teil dieser Prozesse zu machen.

Beispielhaft kann man dies wie folgt beschreiben: Das Unternehmen geht immer mehr strategische Allianzen, Kooperationen und Dienstleistungspartnerschaften ein. Die Kernfunktionen des Unternehmens selbst werden (für die Mitarbeiter) ständig unklarer. Netzwerkpartner bestimmen neben eigenen Mitarbeitern das tägliche Bild im Unternehmen. Es wird immer unklarer, wer als Mitarbeiter zum Unternehmen gehört und wer nicht. (vgl. Kapitel 3). Hier liegt ein klassischer Fall von Unternehmensentwicklung hin zu größerer Virtualität vor. Gleichzeitig tut sich die Notwendigkeit aktiven Grenzmanagements auf.

Picot, Reichwald und Wigand (2001) haben diese Situation wissenschaftlich beleuchtet und schlagen aktive Netzwerksteuerung vor. Hier gehört auch das Konzept des „boundary spanner", eines Grenzbeobachters, hinein, der die Außenbeziehungen der Organisation bzw. deren Wirkung auf die Innenbeziehungen koordiniert. Diese Funktion ist eine, wenn nicht *die* neue Kernfunktion von Human Resources! Letztlich ist nur die aktive Steuerung von Netzwerken dazu geeignet, die Organisationen fit zu machen bzw. zu halten auf dem Weg in weitere, noch unsicherere, noch dynamischere Zeiten. Human Resources muss und kann dabei eine aktive und entscheidende Rolle spielen.

3. Die Personalauswahl: Potenzial- statt Bedarfsorientierung

3.1 Der Faktor Mensch: Trends zu Beginn des 21. Jahrhunderts

Während noch vor wenigen Jahren Begriffe wie E-Business, global angelegte firmeninterne Netzwerke und virtuelle Konferenzen nur in wenigen High-Tech-Unternehmen zum Vokabular gehörten, muss sich heute jede Organisation, egal ob ultramoderne Softwareschmiede, Automobilzulieferer oder Konsumgüterhersteller, Gedanken machen um den konsequenten Einsatz von Informationstechnologien. Nie war der Innovationsdruck so hoch wie heute. Der Wechsel von der Industrie- zur Informations- und Wissensgesellschaft ist vollzogen. Diese neuen Technologien verändern Organisationsstrukturen und Prozesse, beschleunigen diese, erfordern veränderte Kommunikationsformen und haben damit intensive Auswirkungen auf die Anforderungen an das Personal. Nur für den direkten Umgang mit Netzwerken und Computersystemen werden heute allein in Deutschland schätzungsweise etwa 100 000 Mitarbeiter mit den entsprechenden fachlichen Qualifikationen gesucht. Allein in der ITK-Branche (Information, Telekommunikation, Hardware, Software und Services) waren im Jahr 2000 in Deutschland knapp 800 000 Menschen beschäftigt. Hinzu kommen alle die Arbeitsplätze, die auf Anwenderseite den Umgang mit neuen Technologien voraussetzen. Ein Beispiel für neue entstehende Berufsfelder sind die nun schon selbstverständlichen Call-Center, die als strategisches Marketing- und Dienstleistungs-Instrument eingesetzt werden.

Wirtschaftliche Rahmenbedingungen ändern sich in rascher Folge, Produktzyklen verkürzen sich drastisch, deregulierte Märkte und weltweiter Zugriff auf Informationen führen zu einer sich immer weiter beschleunigenden Dynamik und Komplexität wirtschaftlicher Abläufe. Tradierte, hierarchisch organisierte Unternehmensformen, Kern dauerhafter Beschäftigungsverhältnisse, machen zunehmend Platz für auf diese Anforderungen wesentlich besser zugeschnittene flexible Netzstrukturen. In ihnen arbeiten Organisationen und Individuen zweckgerichtet, häufig nur für einen begrenzten Zeitraum miteinander. Stärker kommunikativ ausgerichtete Formen wie Team- und Projektarbeit kennzeichnen das Miteinander in diesen Strukturen. Diese gravierenden Neuerungen spiegeln sich wider in den Anforderungen an diejenigen, die moderne Technologien und Kommunikationsformen zielgerichtet einsetzen: den Menschen, unumstritten wichtigster „Produktionsfaktor" in der Ökonomie des beginnenden 21. Jahrhunderts.

Nicht nur ein bislang unbekannt schnelles Produktivitätswachstum ist eines der Hauptmerkmale für unsere wirtschaftliche Umwelt heute, die wir so häufig mit dem

Schlagwort New Economy versehen, sondern auch eine deutliche Verbesserung der Arbeitsmarktsituation aus Sicht der Anbieter. Dies hat in einigen Volkswirtschaften mittlerweile zu Engpässen vor allem in den IT-bezogenen Sparten geführt mit der Konsequenz sowohl steigender Gehälter in diesen Bereichen als auch gebremster Wachstumschancen. Wechselseitig verstärkend wirken die zunehmende Mobilität und die deutlich erhöhten Karrierechancen für viele Berufsbilder auf die wachsende Fluktuation von Arbeitnehmern. Mit den Lebenszyklen der Produkte verkürzen sich auch die Zyklen bei den Beschäftigungsverhältnissen. Talente lassen sich häufig nur noch auf Zeit an die eigene Organisation binden und auch das nur, wenn die optimalen Voraussetzungen hierfür geschaffen werden.

Noch viel zu wenig berücksichtigt wird, dass diese technologischen und folglich auch organisationalen Veränderungen zugleich neue Anforderungen an große Teile des Personals einer Organisation stellen, die auf den ersten Blick nicht betroffen scheinen, arbeiten sie doch in „klassischen" Funktionen, für die die Auswirkungen dieser Änderungen nicht unmittelbar auffallen.

Die kritiklose Glorifizierung jeder Business-Idee, die unter das Etikett „dot.com" fällt, ist spätestens seit dem letzten Jahr etwas realistischeren Einschätzungen gewichen. Nicht alles, was jung ist, das Wort E-Business im Geschäftsplan aufweisen kann und wenig Respekt hat vor gewachsenen Strukturen, nimmt mehr den Markt im Sturm. Einige Veränderungen verstärken sich aber weiter und sind die Grundlage eines irreversiblen Wandels unternehmerischer Strukturen, der auch weitreichende Konsequenzen für den Arbeitsmarkt hat. Was bestimmt heute die Jobwahl, nach welchen Kriterien sucht sich ein Unternehmen seine Mitarbeiter aus und wo findet es diese überhaupt? Zeichnen sich Trends ab? Werden sie dauerhaft sein? Wie sind diese nutzbar? Oder werden sie sich schnell überlebt haben?

Es ist anzunehmen, dass große, dauerhaft bestehende Erwerbsunternehmen zurückgehen werden und Platz machen für vernetzte, deutlich flexiblere und teilweise nur auf Zeit bestehende Organisationsformen. Diese Entwicklung scheint ein irreversibler Schritt zu sein in der Evolution der Unternehmung. Das soll nicht implizieren, dass andere Organisationsformen bei den entsprechenden Voraussetzungen nicht ebenfalls ihre Daseinsberechtigung haben.

Ein weiterer deutlich hervortretender Trend ist der Wettbewerbsfaktor Jugend: Aufgewachsen mit der Internettechnologie und ihrer Anwendung im Alltagsleben sind moderne Kommunikationsformen den heute Zwanzig- bis Dreißigjährigen in Fleisch und Blut übergegangen. Hinzu kommen eine hohe Flexibilität und positive Grundeinstellung zu Veränderungen und Risikobereitschaft schon allein aus der persönlichen, meist noch ungebundenen Lebenssituation heraus, eine schnellere Lern- und Aufnahmefähigkeit, eine natürliche Neugier und ein höheres Maß an Leidenschaft und Begeisterungsfähigkeit für Produkte und Projekte sowie der Wunsch, der Umwelt den eigenen Stempel aufzudrücken.

Wie Don Tapscott in seinem Buch „Net Kids" (1998) formuliert, hat der Beginn des Internetzeitalters einen „generation lap" hervorgebracht: Nie zuvor hat es eine Wirtschaftsphase gegeben, in der die junge, gerade der Schule entwachsene Generation einen solchen Wissensvorteil für eine so zentrale Technologie besaß wie heute. General Electric´s Versuch, diesen Wissensvorteil zu nutzen, spricht Bände: Etwa 1000 Managern wurden junge, teils frisch rekrutierte Mitarbeiter an die Seite gestellt, um sie in die Geheimnisse der neuen Technologien des E-Business einzuweihen.

Historisch gewachsene Bildungssysteme wie Universitäten oder auch das deutsche duale Ausbildungssystem verlieren an Bedeutung, wenn die Halbwertzeit des Wissens weiter drastisch abnimmt und sich zudem ganz neue, nie dagewesene Möglichkeiten in Start-Up-Unternehmen anbieten, die noch vor wenigen Jahren für junge, nach konventionellen Maßstäben unerfahrene Arbeitnehmer völlig undenkbar gewesen wären. Die heiß umkämpften Kompetenzen und Fähigkeiten, die die gewandelte unternehmerische Umwelt mit sich bringt, lassen auch jüngere Mitarbeiter in kürzester Zeit ohne jahrelange „Schornstein-Karrieren" in Positionen wachsen, die nach ihrem Grad an Verantwortung, den vorhandenen Entscheidungsmöglichkeiten und folglich in ihrer Anerkennung vor kurzem noch undenkbar gewesen wären.

Die Voraussetzungen für eine Tätigkeit im direkten IT-Umfeld sind mit einem Technik- oder noch besser Informatikstudium nach wie vor fest definiert. Allerdings hat sich in den letzten Jahre eine Vielzahl an Schnittstellenberufen entwickelt, die sich allesamt um die Anwendung von IT-Strategien auf diverse Unternehmensfunktionen drehen. Problem: hier gibt es noch kaum geeignete Qualifikationswege, sondern der Umgang mit neuen Medien sorgt mehr für das notwendige Know-how als die akademische Ausbildung. Auch wenn recht junge Menschen heute aufgrund bestimmter Qualifikationen in Managementpositionen vorrücken können, zeigt sich hier, dass spätestens nach ein paar „Jugendsünden" der Ruf nach einem „Erwachsenen", das heißt, einem Manager mit Erfahrung, Urteilsvermögen und Reife laut wird. Ideal ist es natürlich, wenn beide Seiten sich in einer Führungspersönlichkeit vereinigen.

Traditionelle Unternehmenshierarchien, in denen Plätze nach Loyalität und Firmenzuge- hörigkeit vergeben werden, gehören zunehmend der Vergangenheit an. Auch die durch Gewerkschaften, Tarifbestimmungen und unflexibles Arbeitsrecht zementierte

51

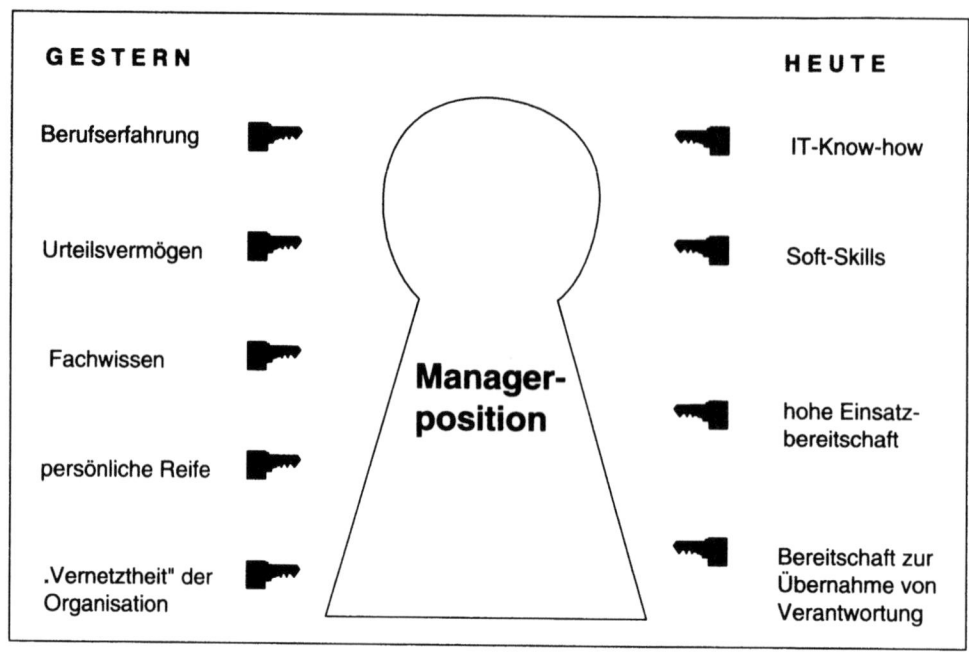

Abbildung 9: Zugang zu Managerpositionen gestern und heute

vermeintliche Sicherheit tradierter Arbeitnehmer-Unternehmens-Beziehungen löst sich zum einen vor dem Hintergrund von sich verändernden, vernetzten Unternehmensstrukturen auf und muss sich zudem der Konkurrenz weit attraktiverer Arrangements, die den eigenen Bedürfnissen Rechnung tragen, stellen. Der „War for talents" hat für die Anbieter der richtigen, portablen Skills ideale Marktbedingungen geschaffen. Konsequenz ist häufig die Bevorzugung von freiberuflicher oder projektbezogener Tätigkeit, in der angelsächsischen Literatur bekannt unter dem Phänomen „Free Agent", oder verschiedene Formen der Teilzeitarbeit. Loyalität besteht nicht mehr zu einem Arbeitgeber, sondern vielmehr gegenüber den eigenen Talenten und Fähigkeiten und ihrer Weiterentwicklung.

Gerade in diesem Szenario gewinnen Erfahrung und Reife älterer Mitarbeiter Bedeutung in der Ausgestaltung der Managementrolle: Der Manager ermöglicht die bestmögliche Entfaltung der typischen „jugendlichen" Eigenschaften, wie Kreativität und Schaffensdrang, sowie des Drangs, den Dingen den eigenen, individuellen Stempel aufzudrücken. Leitbild ist nicht das elterliche Vorleben von Verhaltensweisen und die Weitergabe von Wissen, sondern Kernaufgabe ist es, einen Freiraum für kreative Lösungsmöglichkeiten zu schaffen. Typische Aufgaben dabei sind Teamkoordination und Abstimmung mit anderen Arbeitsgruppen, Konfliktlösung und Mitarbeitermotivation.

Die klare Zuordnung der Macht innerhalb von Organisationen zugunsten der Riege der Ergrauten, sowohl an Lebensjahren als auch an Erfahrung Reicheren, die über ein über Jahrzehnte gewachsenes „Old-Boys-Netzwerk" an Beziehungen in Wirtschaft und Politik verfügen, das nahezu eherne Gesetz, dass sich mit Jahren der Betriebs-zugehörigkeit auch die Stellung innerhalb der festen Hierarchie nach oben bewegt, haben sich überlebt. Keinesfalls soll hier postuliert werden, dass die traditionell einer Karriere zuträglichen Eigenschaften und Kenntnisse ihre Gültigkeit und Bedeutung verloren haben. Nein, ganz im Gegenteil, einige dieser Kompetenzen, die auf Erfahrung, gewachsener Urteilsfähigkeit und einer menschlichen Reife beruhen, sind gerade in der von zunehmender Geschwindigkeit, steter Veränderung und ubiquitärer Verfügbarkeit von Wissen und Informationen geprägten Wirtschaftswelt von immensem Vorteil (vgl. Kapitel 4). Fehlen sie, so können auch die besten Potenziale, Kenntnisse und Fähigkeiten der vorhandenen Personalressourcen schnell zu einem wirtschaftlichen Misserfolg führen. Gleichzeitig bewirken diese Parameter, dass diese Macht mit überaus erfolgreichen jungen Kollegen geteilt werden muss, die ihrerseits ein Portfolio an Wissen und Eigenschaften mitbringen, welches die mangelnde Erfahrung ausgleicht. Es wird sich zeigen, inwieweit diese heute so kritischen Kompetenzen wie der selbstverständliche Umgang mit den neuesten Technologien, Flexibilität und eine positive Einstellung zu Veränderungen tatsächlich mit Jugend zu tun haben oder nicht Ausdruck sich verändernder Verhaltensweisen sind, die auch mit zunehmendem Alter beibehalten werden können.

3.2 Zielformulierung für das Personalmanagement

Die Aufgabe, der Organisation neue Qualifikationen und Motivationen zugänglich zu machen, ist eine der wichtigen Teilaufgaben des Personalmanagement. Während ein Teil dieser Aufgabe intern durch Personalentwicklung (vgl. Kapitel 4) abgedeckt werden kann, besteht die Alternative in der externen Beschaffung von Personalressourcen.

Was kann und muss das moderne Personalmanagement leisten, um für die strategisch wichtige Aufgabe der Personalauswahl die Funktion des Business-Partners für die Unternehmensführung einzunehmen und über die bloße Dienstleistungserbringung eines reibungslosen Recruitmentprozesses hinauszuwachsen (vgl. Kapitel 2)?

Auch hier seien zunächst einige Fragen zur Reflexion angeboten, die eine Standort-bestimmung ermöglichen:

• Inwieweit ist der Personalbereich frühzeitig in Unternehmensentscheidungen involviert, die Auswirkungen auf die geforderten Fähigkeiten und Fertigkeiten von Mitarbeitern haben?

- Wer ist verantwortlich für die Profildefinition neuer Positionen?

- Ist die Personalabteilung Mitentscheider bei der Festlegung des Manpower-Plans oder bloßes Ausführungsorgan bei dessen Umsetzung?

- Wer plant, entwickelt und verwaltet im Unternehmen die vorhandenen Personal-ressourcen?

- Bei wem liegt die Entscheidung zwischen externer Rekrutierung oder Reallokation betriebsinterner Personalressourcen?

- Gibt es Ansätze zu einer unternehmens- bzw. bereichseinheitlichen Profildefinition?

- Erschöpft die Rolle der Personalabteilung sich in der administrativen Abbildung und effizienten Gestaltung des Recruitmentprozesses?

- Wer definiert die Auswahlkriterien und trifft letztendlich die Entscheidung über eine Einstellung?

Fragt man Manager heute nach der Rolle der Personalabteilung bei der Beschaffung neuer Mitarbeiter, erhält man oft Antworten, die um den administrativen Teil des Recruitmentprozesses kreisen. Tatsächliche Entscheidungshilfen bei der Auswahl oder gar beratende Dienste bei der Profilfestlegung werden oft gar nicht erwartet oder schlicht den Personalmanagern nicht zugetraut: Sie seien zu bürokratisch, nicht involviert in die tatsächlichen geschäftlichen Anforderungen und Entwicklungen und viel zu weit entfernt von der unternehmerischen Realität. Der Linienvorgesetzte wisse schließlich am besten, welchen Mitarbeiter er für eine bestimmte Position benötigt. Sind diese Einwände berechtigt? Kann das Personalmanagement überhaupt einen weiter gehenden Beitrag leisten?

Eine Antwort auf die letzte Frage lautet: Ja, die Personalabteilung kann dann einen unternehmerisch wichtigen Beitrag bei der Suche und Einstellung von Mitarbeitern leisten, wenn sie sich selbst im eigentlichen Prozess der Rekrutierung weitgehend überflüssig macht (vgl. Abschnitt 3.9). Erst dieses Szenario schafft Freiräume, sich mit den drängenden Fragen des Mitarbeiterrecruiting auseinanderzusetzen, für deren Beantwortung Personalverantwortliche die notwendige Expertise mitbringen.

Derzeit sind zwei gegenpolige Organisationsformen zu beobachten mit unter-schiedlichen, teilweise divergierenden, teilweise konvergierenden Anforderungen an die Personalauswahl. Sog. Dot-Com-Unternehmen sind neue Marktteilnehmer, die sich komplett der Anwendung von IT-, insbesondere Internettechnologien für die von ihnen angebotenen Dienstleistungen und Produkte verschreiben. Sie bringen keine tradierte Historie mit, weisen keine etablierten festen Strukturen auf, sondern wachsen sehr schnell, oft unstrukturiert. Allerdings sind diese Merkmale nicht unumstößlich, sondern phasengebunden. In wenigen Jahren sind auch die heutigen Dot-Coms letztendlich

Unternehmen, die sich dadurch auszeichnen, dass sie das Internet und entsprechende Nachfolgetechnologien als Distributionsweg für Informationen nutzen.

Ihnen gegenüber befinden sich etablierte, traditionelle Unternehmen, die in Teilen ihrer Geschäftsbereiche E-Business betreiben und daher unter einem Dach häufig zwei sehr unterschiedliche Organisationen vereinen. Auch diese organisationale Ausprägung wird im Zeitablauf verschwinden, wenn die Anwendung moderner Informationstechnologien sämtliche Geschäftsbereiche durchdrungen hat.

Spezifische aktuelle Probleme wie der immer noch akute Mangel an Arbeitskräften mit dem entsprechenden Wissen im Bereich Internettechnologien und E-Business werden abgelöst und überlagert von Themen, die in den veränderten wirtschaftlichen Rahmenbedingungen ihre Wurzel finden. Was für die heute agierenden Unternehmen Bestand haben wird ist das Phänomen, in einer immer komplexer werdenden, vernetzten Umwelt mit einer Vielzahl von Paradoxien umgehen zu können.

Aktuelles Beispiel eines solchen Nebeneinanders völlig unterschiedlicher Profile und Strukturen ist die ausgeprägte Differenzierung von individuellen Anforderungen und Arbeitsmarktbedingungen im Bankensektor. Während im angelsächsischen Raum längst eine Spezialisierung der Finanzinstitutionen Usus ist, findet sich in Kontinentaleuropa noch überwiegend der Typus der Universalbank. In diesen Organisationen ist das Personalmanagement gefordert, sowohl den Belangen des dynamischeren Investment Banking als auch tradierter Bereiche wie Zahlungsverkehr und Kreditgeschäft mit völlig unterschiedlichen Anforderungsprofilen, Gehaltsstrukturen und Entwicklungsmöglich-keiten Rechnung zu tragen. Besonders heikel wird es, wenn die Entwicklung neuer Produkte Mitarbeitern den Übergang zwischen diesen Segmenten ermöglicht, wie dies in jüngerer Zeit für Kreditanalysten möglich war, die ihre Expertise in den sich in Europa entwickelnden Anleihemarkt für Unternehmen einbringen können und so in das Investment Banking wechseln. Es ist zu beobachten, dass heute E-Business Positionen auch innerhalb konventioneller Blue-Chip-Organisationen häufig deutlich höher dotiert sind als der Unternehmensdurchschnitt: Der Hay Survey Sommer 2000 stellte fest, dass E-Business-Manager im Schnitt 17 % besser entlohnt waren als ihre Kollegen aus anderen Geschäftsbereichen, während die Leiter der E-Business Bereiche sogar 40 % mehr verdienten als ihre Managementkollegen.

Ein typisches Phänomen der Human-Resources-Strategien in jungen Unternehmen der New Economy ist die Konzentration auf das Recruiting, während zunächst die strukturierte Entwicklung und Weiterbildung des existierenden Personals aufgrund von Ressourcenengpässen – oft bedingt durch die mangelnde Anerkennung der strategischen Bedeutung des Human-Resources-Bereichs für den langfristigen Unternehmenserfolg – vernachlässigt wird.

3.3 Der ideale Mitarbeiter

Ob es nun New Economy, Internetzeitalter oder „clicks and mortar" heißt, die Welt, die wir heute erleben und mit prägen und in der wir als Mitarbeiter, Manager oder Geschäftsführer unsere wirtschaftlichen Ziele verfolgen, hat sich grundlegend geändert. Entgegen den Unkenrufen vieler Technologiegegner, die schon beim Einzug des Computers in unsere Arbeitswelt den massenweisen (und ersatzlosen) Verlust von Arbeitsplätzen prophezeiten, hat auch die Digitalisierung unserer Kommunikation in erster Linie eines gezeigt: Der Mensch als „Produktionsfaktor" wird immer wichtiger. Es entstehen ganz neue Berufszweige und -profile. Zu beobachten ist, dass nicht nur Fachwissen sowie spezielle Fähigkeiten und Fertigkeiten eine immer höhere Bedeutung gewinnen, sondern neue Faktoren hinzukommen. Erinnert sei in diesem Zusammenhang an die Diskussion der letzten Jahre um die sogenannten weichen Faktoren („soft skills") und die emotionale Dimension der Intelligenz. Diese zusätzlichen Anforderungen – oder zumindest ihre verstärkte Wahrnehmung – sind vor allem Konsequenz der gewachsenen Komplexität unserer Umwelt sowie der Geschwindigkeit, mit der Aufgaben und Organisationen sich verändern.

Zunächst stellt sich die Aufgabe zu definieren, welche Talente, Fähigkeiten und Kenntnisse für die eigene Organisation heute und – ganz wichtig – in Zukunft gebraucht werden, bevor man sich auf die Suche nach diesen Talenten begeben kann, um diese für die Organisation zu gewinnen. Manche Organisationen stimmen von ihrer Grundstruktur her nicht mit bestimmten Persönlichkeitsmerkmalen überein, daher muss die Personalauswahl immer unternehmensspezifisch sein. Ihren Niederschlag fand diese Mehrdimensionalität der Anforderungen in der Anwendung von Kompetenzanalysen bei der Bewerberauswahl.

Für die Personalauswahl haben die Veränderungen der heutigen Arbeitsumwelt vor allem in zweierlei Hinsicht Konsequenzen: Zum einen wird der Mangel an ausgebildeten Fachkräften immer größer, da die Anforderungen zusammen mit dem quantitativen Bedarf wachsen. Hinzu kommt die Notwendigkeit, Menschen zu finden, die nicht nur die nötigen Fachkenntnisse und das entsprechende Wissen mitbringen, gepaart mit den sozialen Fähigkeiten, effizient in einem Team arbeiten zu können oder andere zu führen. Vielmehr müssen die Mitarbeiter in den Unternehmen der New Economy die passende Einstellung zu Arbeit, Unternehmensphilosophie und -kultur, permanenten Veränderungen und einer unsicheren Umwelt mitbringen, in der englischsprachigen Fachliteratur kurz die notwendige „Attitude" genannt.

Der beständige Wettbewerbsdruck durch rasant sich weiterentwickelnde Technologien, erhöhte Markttransparenz und schrumpfende Innovationszyklen erfordert auch ein wachsendes Potenzial an hochtalentierten Mitarbeitern in einer Organisation. Diese

Zielgruppe besitzt nicht nur ungewöhnliche Talente, sondern stellt auch bestimmte Anforderungen an eine Organisation, wie ein hohes Maß an Entscheidungsspielraum und die Möglichkeit, den Ergebnissen der Arbeit eine individuelle Note zu geben. Auch ständig neue Aufgaben und Herausforderungen mit dem damit verbundenen „Adrenalinspiegel" wirken für manchen attraktiv und motivierend. Aber Vorsicht: Nicht jeder hochqualifizierte Kandidat hat diese Vorstellungen; gerade hochspezialisierte technische Fachkräfte setzen hier durchaus andere Schwerpunkte, wie Sicherheit des Arbeitsplatzes und eine Konstanz in der Arbeitsumgebung. Deutlich wichtiger wird hier beispielsweise, an der Entwicklung von „cutting edge" Technologien mitarbeiten zu können.

Eine entsprechende Fachkompetenz muss ergänzt sein durch bestimmte Ausprägungen der „Schlüsselqualifikationen" Methoden-, Sozial- und Individualkompetenz im Sinne von Strasmann und Schüller (1996), wie vor allem Teamfähigkeit, Flexibilität, unternehmerisches Denken, Risikobereitschaft, Leistungsorientierung, Mobilität und vor allem ein Enthusiasmus für Wandel und Veränderung, ein stetiges Infragestellen der gewohnten Prozesse, Produkte und Pläne.

Strukturierte analytische Verfahren zur Definition eines Anforderungsprofils berücksichtigen in der Regel nur die für eine konkrete Position vorliegenden Stellenanforderungen. Ihre konsequente Anwendung kann zwar dafür sorgen, dass der passende Mitarbeiter die ausgeschriebene Position bekleidet. Die Komplexität und Dynamik der heutigen unternehmerischen Umwelt erfordert einen systemischen Ansatz, kein Denken in fixen, abgegrenzten Kategorien mit entsprechend starren Regeln und Konzepten. Die Krux ist, die richtige Person mit den richtigen Fähigkeiten und Fertigkeiten zum richtigen Zeitpunkt in der richtigen Position zu haben, aber auch die bestehenden Personalressourcen auf zukünftige Aufgabenstellungen vorbereitet zu haben.

In einer sich rasch wandelnden Umwelt, in der sich mit Produkten, Prozessen und Strukturen auch die Tätigkeiten Einzelner in einer Organisation schnell wandeln, ist ein statisches Vorgehen nicht angebracht. Potenzial- statt Bedarfsorientierung muss die Devise heißen! Das Szenario von konkreten, fest umrissenen und zeitlich stabilen Stellenanforderungen ist in der sich heute rasant wandelnden unternehmerischen Umwelt eher eine Seltenheit. Weit wichtiger sind die richtige Einstellung/Attitude, die Bereitschaft zu lebenslangem Lernen, eine positive Einstellung zu Veränderungen, ein hohes Maß an Lernfähigkeit und eine starke Eigenmotivation (vgl. Kapitel 4). Entscheidend ist, ob ein Mitarbeiter auch in der Lage sein wird, sich den Aufgaben von Morgen zu stellen.

Wer kann heute noch genau sagen, welche Tätigkeiten morgen entscheidend zur Wertschöpfung einer Organisation beitragen werden? Neue Berufsbilder wie der Internet-Ingenieur, IT-Systemarchitekt oder Call-Center-Agent sprießen aus dem Boden, aber auch Inhalte und Anforderungen bestehender Berufe ändern sich teilweise drastisch, oft bedingt durch den Einzug moderner Kommunikationstechnologien; Grenzen zwischen Berufen verschwimmen zusehends. Wer gestern noch in der Marketing- oder PR-Abteilung Artikel und Produktbeschreibungen formuliert hat, ist heute vielleicht schon als Web Content Manager Schnittstelle zwischen Redaktion und Technik. Auch das gesamte Berufsbild des Wertpapierhändlers hat durch die Einführung computerbasierter Handelsplattformen eine deutliche Wandlung durchgemacht. Und wer bislang im Devisenhandel mit europäischen Währungen gehandelt hat, muss sich nun zügig umstellen. Immer mehr gilt: Das vorhandene fachliche Wissen verliert an Bedeutung im Vergleich zur steten Aktualisierung des Wissens und zu sozialen Kompetenzen.

Eine potenzialorientierte Personalauswahl bedarf noch stärker als bisher der Unterstützung durch ein strategisch ausgerichtetes Personalmanagement, das eng in die wirtschaftlichen Weichenstellungen der Organisation integriert ist. Wenn auch der Linienvorgesetzte der Experte für die konkrete Profilerstellung der zu besetzenden Position ist, so muss sowohl die Festlegung der geforderten Potenziale als auch das Instrumentarium zu ihrer Identifikation und ihrer Entwicklung (vgl. Kapitel 4) durch das Personalmanagement in enger Abstimmung mit der Unternehmensstrategie geleistet werden.

Vor einem solchen Hintergrund macht es in den wenigsten Fällen noch Sinn, ein definiertes, statisches Anforderungsprofil Punkt für Punkt abzuklopfen. Selbst wenn auf dieser Grundlage die perfekte Wahl getroffen wird, in Kürze schon werden sich die Anforderungen geändert haben. Grund dafür ist auch der schnelle organisationale Wandel – notwendig, um auf sich ändernde Markt- und Umweltbedingungen einzugehen – der neue Entfaltungsmöglichkeiten für denjenigen bietet, der sein vorhandenes Potenzial auf neue Aufgaben anzuwenden weiß.

Eine linear verlaufende traditionelle Karriere wird in Zukunft eine Ausnahme sein; viel wahrscheinlicher ist ein Lebenslauf mit vielen Brüchen und Sprüngen, sowohl was die Inhalte der Beschäftigung als auch die Ausgestaltung des Beschäftigungsverhältnisses angeht. Nicht nur ein Arbeitgeberwechsel wird deutlich häufiger vorkommen, auch zwischen abhängigen Beschäftigungsverhältnissen und Selbständigkeit sowie verschiedenen Zwischenformen wird gewählt werden können (vgl. Kapitel 4).

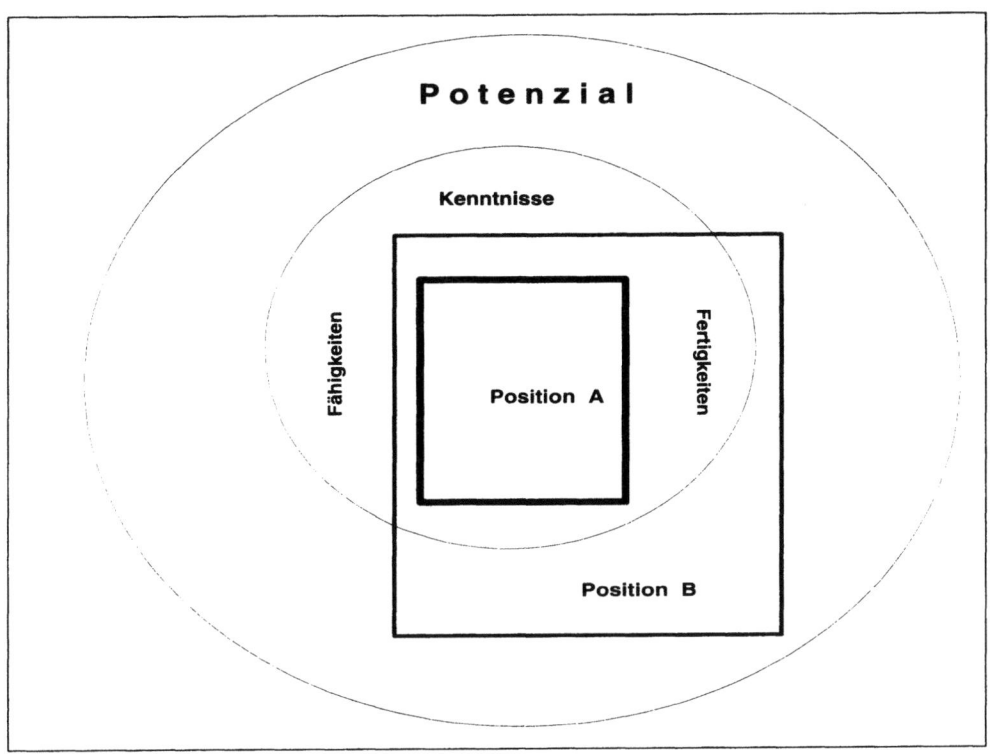

Abbildung 10: Potenzial- statt Bedarfsorientierung in der Personalauswahl

Früher hat sich der Wert, sprich das Gehalt, eines Mitarbeiters, zumindest bei der Einstellung, an seiner fachlichen und akademischen Qualifikation bemessen, jeder zusätzliche Titel wirkte sich auch monetär aus. Dieser Nachweis größtenteils theoretischer Kenntnisse kann immer noch als Indikator für bestimmte Persönlichkeitsmerkmale dienen, reicht aber bei weitem nicht aus, um auch ein Indiz für die Bereitschaft und Fähigkeit zum heute unerlässlichen lebenslangen Lernen zu sein. Eine akademische Qualifikation hat heute weniger ihre Daseinsberechtigung darin, konkretes Wissen anzusammeln, sondern dient als Nachweis der Aneignung analytischer und auch kommunikativer Fähigkeiten. Auch auf eine rasche Auffassungsgabe und ein überdurchschnittliches Engagement werden so oft Rückschlüsse gezogen. Während die Halbwertzeit vor allem von technischem Wissen weiter dramatisch abnimmt, steht nun hoch im Kurs, wer sich stets auf dem neuesten Stand hält (vgl. Kapitel 4.) Die Bereitschaft zu lebenslangem Lernen wird zum Einstellungskriterium vor allem bei Unternehmen der IT- und Kommunikationsbranche. Gleichzeitig hebt sich der Gegensatz zwischen Lernen und Arbeiten auf; Lernen wird in bestehende Arbeitsprozesse integriert und gleichzeitig zum Motivationsfaktor.

Das Leben und Arbeiten in der „Dot-Community" des 21. Jahrhunderts erfordert besondere Kompetenzen. Unabdingbar sind heute englische Sprachkenntnisse und ein kompetenter Umgang mit allen modernen Kommunikationsmitteln, was auch als „Medienkompetenz" bezeichnet wird. Die Konfrontation mit der Informationsflut erfordert zudem eine entsprechende „Selektionskompetenz". Und letztlich über das hinausgehend, was unter dem Schlagwort „Teamfähigkeit" zu verstehen ist, die Fähigkeit zum Aufbau sozialer Netzwerke. Was die fachlichen Kompetenzen angeht, so kommt kaum noch jemand um ein lebenslanges „Learning-on-demand" herum.

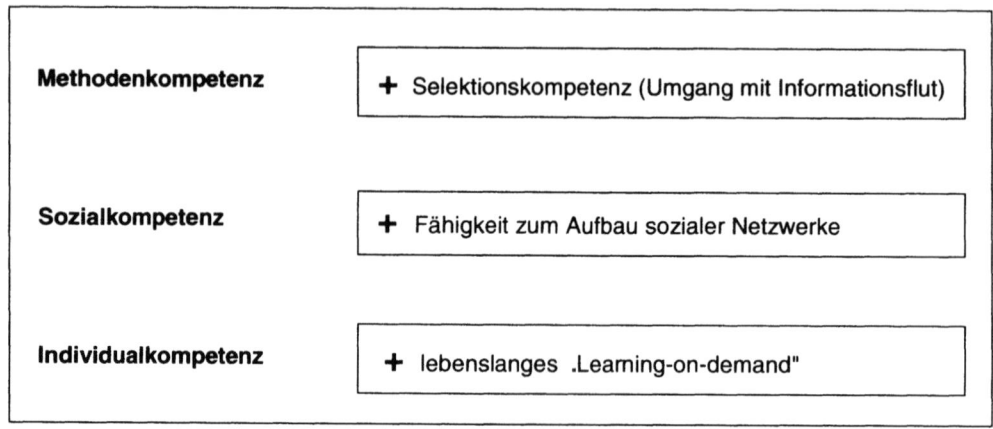

Abbildung 11: Persönliche Kompetenzen in der modernen Organisation

3.4 Attitude Hiring

Dynamik und Komplexität des Wandels lassen Flexibilität zunehmend zu einer zentralen Größe für den wirtschaftlichen Erfolg einer Organisation werden. Neue Produkte, neue Serviceanforderungen, neue Technologien, sich verändernde Markt- und Preisstrukturen verlangen einen steten Umgang mit dem Wandel. Ordnung, Prognosesicherheit, klar abgegrenzte dauerhafte Zuständigkeiten, die Beherrschung von Situationen aufgrund von Erfahrungen der Vergangenheit und die Anwendung erprobter Verhaltensmuster gehören der Vergangenheit an. Liebgewonnene hierarchische Organisationsstrukturen, in denen etablierte „Seilschaften" mit den entsprechenden loyalen Verpflichtungen, aber auch einem gewissen Maß an Planungssicherheit, ein Basiselement der „Karriere" im klassischen Sinne waren, sind heute ein sicheres Rezept für das organisationale Scheitern.

Was kann in diesem Szenario des Umgangs mit Unsicherheit, permanenter Geschwindigkeit und hoher Eigenverantwortung den Mitarbeiter zu Höchstleistung motivieren? Was kann das durchaus menschliche Bedürfnis nach Sicherheit, Geborgenheit, Routine, den Rückzug in die Verantwortungslosigkeit (und damit das Samenkorn für die „Blaming Culture") ersetzen? Ein Kommunikations- und Führungsstil von Offenheit, Ehrlichkeit und Vertrauen, Einbeziehung jedes Einzelnen und konsequenter Information, bei dem Verantwortung weitestgehend delegiert wird, schafft einen positiven Gegenpol.

Un-Ordnung, Un-Vorhersehbarkeit, Un-Sicherheit, allein schon die sprachliche Logik impliziert, dass das Eigentliche, zu Erwartende, Positive eben das ist, was die Substantive ohne die Vorsilbe „un" bezeichnen. Doch Ordnung, Vorhersehbarkeit, Sicherheit stehen auch für Grenzen, Handlungsvorgaben, Einschränkung, Verantwortungslosigkeit. Ein Szenario des Un-Geordneten dagegen eröffnet Handlungsspielräume, bejaht Verantwortung und Einflussnahme, fördert und fordert Kreativität, Neugierde und Engagement und eröffnet damit neue Chancen.

Damit diese hier geforderten Kompetenzen und Persönlichkeitsmerkmale zur Entfaltung kommen können, muss in der Organisation sichergestellt sein, dass verschiedene Spielregeln eingehalten werden: Der Führungsstil muss passen, fehlgeschlagene Lösungsversuche müssen positiv als Lernerfolg bewertet werden, die Kommunikationspolitik muss stimmig sein. Auch die organisationale Struktur muss stimmen. Im Gegensatz zu vertikalen, hierarchisch strukturierten Unternehmensmodellen hat sich ein System der Vernetzung mit einer Flexibilität der Verantwortung im Sinne von Heterarchie erwiesen. Auch die Einrichtung von bereichsübergreifenden Qualitätszirkeln ist ein Medium, das personenbezogene Kenntnisse und Erfahrungen für die Gesamtorganisation zugänglich macht. Auch die Personalentwicklung muss auf diese Erfordernisse ausgerichtet sein. Für Führungskräfte gilt es, den Verzicht auf gewohnte Kontroll- und Steuerungsmechanismen zu trainieren zugunsten von Kooperation und Abstimmung als Entscheidungsnorm. Für alle Mitarbeiter steht die Förderung individueller Fähigkeiten im Gegensatz zur Ausbildung der Erfordernisse konkreter Jobanforderungen im Vordergrund (vgl. Kapitel 4).

Wer sind die Menschen, die dieses Humankapital bilden? Welche Kompetenzen bringen sie mit, welche Eigenschaften lassen auf einen erfolgreichen Umgang mit den Determinanten der lernenden, flexiblen Organisation schließen?

Die sich ergebenden Anforderungsprofile sind in ihren Ausprägungen zu differenzieren nach der Art des Mitarbeiterkreises: Handelt es sich um ein Mitglied der Kernbelegschaft oder eine Führungskraft, um einen Freelancer oder Consultant oder um eine Zeitarbeitskraft, hier zu verstehen als gering qualifizierte Person, die über

Zeitarbeitsfirmen vermittelt wird, um so kurzfristig Lücken schließen zu können, ohne dass das Unternehmen langfristige Bindungen eingehen muss?

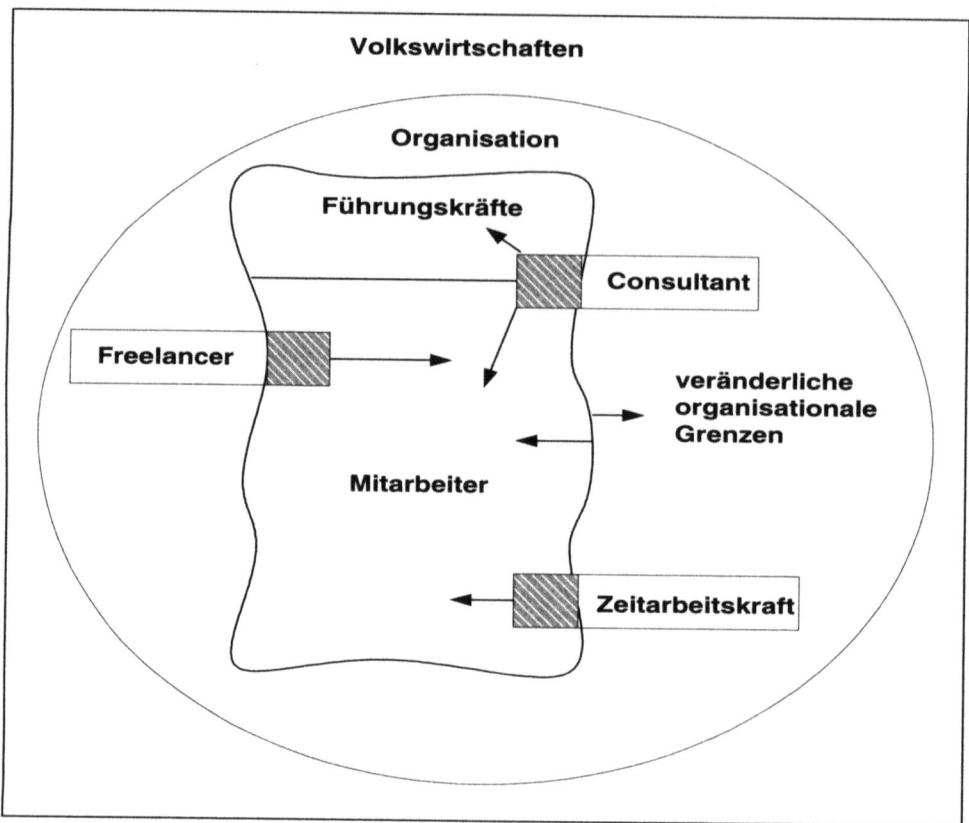

Abbildung 12: Mitarbeiterkreis im Wandel

Auch wenn sich die Arbeitslosenzahlen mittlerweile auch in Deutschland ganz langsam nach unten bewegen, ist es nach wie vor eine Binsenweisheit, wie schwierig es ist, „High Potentials" an Bord zu bekommen. Doch wer sind diese hart umkämpften, offensichtlich raren High Potentials? Bei genauerem Nachfragen folgen Attribute wie „hohe soziale und emotionale Intelligenz", „ausgezeichneter Studienabschluss", „internationale Erfahrung".

In jedem Fall – wenn auch in unterschiedlichem Ausmaß – besteht die Erfordernis des systemgerechten Verhaltens, also die Kompetenz, Komplexität, Vernetztheit und Dynamik von Systemen zu erkennen und sich systemgerecht zu verhalten. Wünschenswert ist die Fähigkeit der Mitarbeiter zur Selbstführung in fachlichen Angelegenheiten aufgrund von umfangreichen Detailkenntnissen und komplexem Kontextwissen. Es ist der Trend zu beobachten, dass Inhalte und Fachwissen weniger wichtig werden, Methodik dafür an Bedeutung gewinnt. In einer dynamischen, lernenden Organisation werden zugleich Generalisten als auch Spezialisten benötigt. Ein ergebnisorientiertes Management by Objectives setzt voraus, dass Mitarbeiter eigenverantwortlich handeln können, Kosten- und Problembewusstsein im Rahmen ihres Verantwortungsspielraums mitbringen und ergebnisorientiert sind.

Der Umgang mit Mehrdeutigkeit und Unsicherheit setzt die Fähigkeit zu divergentem Denken, also außerhalb von Gleichmaß und Struktur, ebenso voraus wie laterales Denken, also die Verknüpfung von verschiedenen Informationen und Erkenntnissen. Diese letztgenannten Eigenschaften finden sich besonders bei sogenannten Generalisten, Menschen, die über eine große Bandbreite verschiedener Fähigkeiten verfügen und diese auch beständig erweitern. Oft von Spezialisten aufgrund ihrer mangelnden Detail- kenntnis verpönt, sind sie es, die verschiedene Ideen, Techniken und auch Kulturen miteinander verknüpfen können und weitaus offener sind für sich wandelnde Trends und Veränderungen. Die verstärkte Rolle der Generalisten ist vor allem bedingt durch die zunehmende Komplexität der organisationalen Strukturen und Prozesse, die es immer schwerer machen, unternehmerische Vorgänge, Produkte und Dienstleistungen in ihrer Gesamtheit zu erfassen und zu beherrschen. Diese Personengruppe kann mit sich verändernden Aufgaben und Positionen umgehen, verknüpft unterschiedliche Erfah- rungen, Prozesse und wirkt als Mediator in vielen Projekten. Sie verfügt über ein breites Spektrum an Fähigkeiten und Kenntnissen, die vor allem den Umgang mit schnellem Wandel erleichtern.

Auf Seiten der Führungskompetenz ist vor allem die Verzahnung der Anforderungen sowohl mit der Unternehmensstrategie als auch dem realistisch Machbaren gefragt. Dem Manager obliegt die Verantwortung, ein unterstützendes Umfeld aufzubauen. Neben kommunikativen zählen auch didaktische Fähigkeiten, um Teams zu entwickeln und in der lernenden Organisation die betriebliche Selbstorganisation zu fördern. Methodische, soziale und emotionale Kompetenzen müssen den Erfordernissen der Organisation entsprechen oder an diese flexibel angepasst werden können. Vor allem die Fähigkeit, unter Unsicherheit Entscheidungen treffen zu können und diese durchzusetzen, ist von entscheidender Bedeutung. Damit wandelt sich die Rolle des Managers vom Macher und Entscheider hin zum Kommunikator und Moderator und auch zum Didakten, der andere befähigt, Höchstleistung zu erbringen.

Die Anforderungen an Führungskräfte sind wesentlich determiniert durch die organi- sationale Struktur des Unternehmens. Zur erfolgreichen Praktizierung heterarchischer

Führungsformen, in denen Mitarbeiter Führung in Abhängigkeit von Aufgaben und Fähigkeiten zeitlich begrenzt übernehmen, werden bestimmte Persönlichkeitsmerkmale und Einstellungen förderlich. Solche Führungskräfte zeichnen sich in der Regel durch eine hohe eigene Motivation aus, als Leistungsträger müssen sie visionär sein, also Menschen, die die Welt prägen und verändern wollen und nicht nur monetär motiviert sind. Eine leistungsgerechte Entlohnung wird immer eine wichtige Rolle spielen, kann aber nur komplementär wirken zu anderen Motivationsfaktoren. Ausschließlich über finanzielle Anreize ist niemand langfristig zu motivieren; Organisationen sind auch gar nicht in der Lage, den ständig wachsenden Ansprüchen in einer ohnehin von hohen Gehaltssteigerungen gekennzeichneten Arbeitsmarktsituation immer wieder gerecht zu werden.

Im Kampf um den Managementnachwuchs werden heute in vielen Organisationen die Chefs immer jünger. Dies ist sicher zum einen darin begründet, dass die heute verlangten Führungskompetenzen vor allem bei jüngeren Mitarbeitern stark ausgeprägt sind, ist zum anderen aber auch Konsequenz des Versuchs, in einem sehr engen Arbeitsmarkt besonders fähige Mitarbeiter an die Organisation zu binden. Sicher ist das Alter kein zuverlässiger Indikator für Führungsfähigkeiten, aber einige Konflikte sind fast vorprogrammiert: Gleichaltrige Kollegen werden diesen Erfolg, wenn auch nicht offen artikuliert, neiden und ältere diese Entwicklung an ihnen vorbei als persönliche Niederlage empfinden, nicht nur mit den entsprechenden Konsequenzen für die eigene Motivation, sondern auch mit den sich gegen den Jungmanager aufbauenden Widerständen. In der Personalauswahl ist vor allem sorgfältig zu prüfen, ob neben den technisch-fachlichen Qualifikationen tatsächlich auch die notwendigen kommunikativen Fähigkeiten vorhanden sind. Gefährlich wird es vor allem dann, wenn Mitarbeiter aufgrund bestimmter, stark nachgefragter Fähigkeiten in eine Position schnell hinein-wachsen, andere Kernkompetenzen aber fehlen oder unzureichend ausgebildet sind, während gleichzeitig weder Zeit für deren Entwicklung vorhanden ist, noch auch nur das Bewusstsein beim Betroffenen für diese Schwächen existiert.

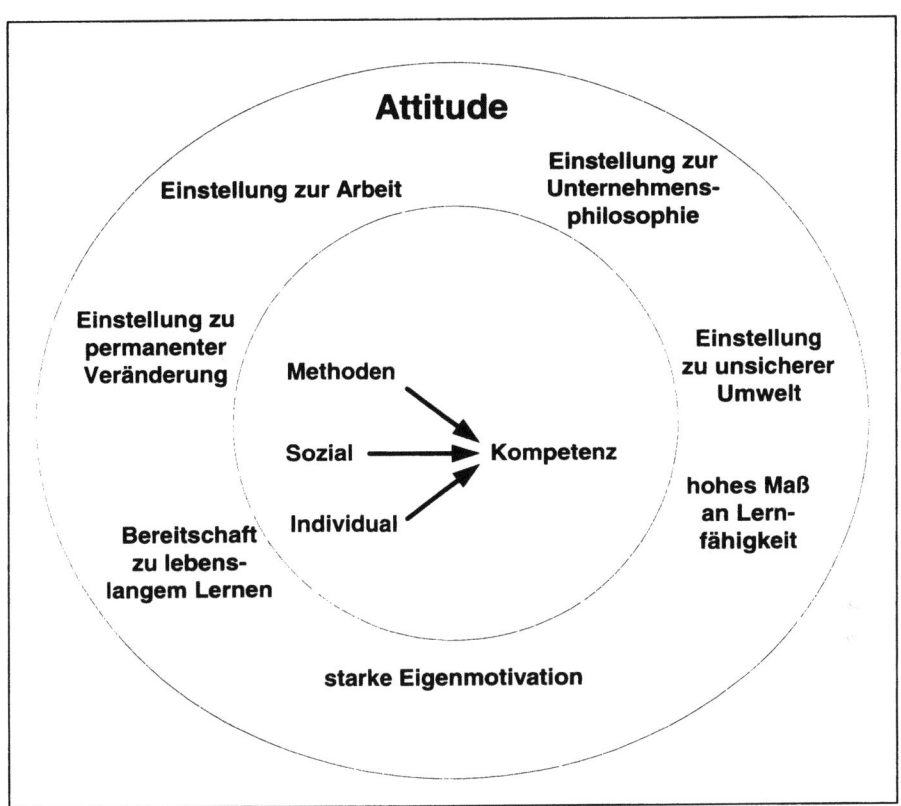

Abbildung 13: Fachkompetenz und Attitude

Spätestens seit der Wandlung des Arbeitsmarktes zum Anbietermarkt ist es klar: Der geeignete Kandidat will überzeugt werden, bevor er sich für einen Arbeitgeber entscheidet. Dieses gilt natürlich um so mehr für Bewerber, die aufgrund ihrer Qualifikationen sozusagen ein „knappes Gut" auf diesem Markt bilden. Andererseits setzt diese Tatsache Organisationen auch unter Druck, eine hohe Aufmerksamkeit auf die Faktoren zu richten, die motivierend wirken, wie effiziente Prozessabläufe und eine in sich abgerundete positive Unternehmenskultur. Dieser Leistungsdruck kommt letztendlich der Organisation auch zugute.

Die organisationale Wirklichkeit von Unternehmen der New Economy ist geprägt vom Triumph des Marktes über den Staat. Während für weite Teile der tradierten Unternehmen nach wie vor sozial-(wirtschaftliche) Aspekte und ein starres System von Regulierungen und sozialen, absichernden und zum Schutz der schwachen Glieder ausgerichteten Maßnahmen vorherrschen, brechen die modernen Organisationen der New Economy aus diesem Korsett aus und stellen wieder Individualität und Leistungsorientierung in den Vordergrund. So viele Vorteile dies für den Einzelnen bringen kann, so sehr ergeben sich auch Probleme: Arbeitswelt und Privatsphäre sind ineinandergewachsen, die Beziehung zwischen Familie und Beruf ist unausgeglichen.

Wenn die Grenze zwischen Beruf und Privatleben zugunsten zunehmender Flexibilität für den Mitarbeiter zunehmend schwindet, heißt dies häufig auch, dass Abstandnehmen vom Tagesgeschäft oft unmöglich wird. Urlaube verfallen oder werden im besten Falle ausgezahlt, und auch wenn der obligatorische Sommerurlaub von 14 Tagen der Familie zuliebe gebucht wird, ist es heute üblich, mindestens ein Kommunikationsmedium im Reisegepäck zu haben, das den permanenten Kontakt zum Büro erlaubt. Der britische Webreiseanbieter fand bei einer Studie heraus, dass insbesondere Männer Probleme haben, im Urlaub Abstand vom täglichen Stress zu gewinnen. Ein Viertel der Befragten gab an, auch nach 14 Tagen Urlaub noch nicht erholt zu sein; jeder Zehnte wollte gleich ganz auf den Urlaub verzichten aus Angst vor einem übervollen (virtuellen) Schreibtisch nach der Rückkehr. Auch für das wachsende Heer der Freiberufler und E-Lancer bringt die Durchmischung von Berufs- und Privatleben neben hoher Flexibilität, Unabhängigkeit und großen Freiräumen auch die Verantwortung zum Selbstmanagement mit sich.

Das Schlagwort „Work-Life-Balance", also der Ausgleich von Berufs- und Privatleben, ist wieder einmal in aller Munde. Als besonderer Anreiz, die Talente doch dem eigenen Unternehmen anzudienen, wird diese Balance über viele Wege angestrebt: Die Rede ist von Sabbaticals, Vertrauensarbeitszeit und flexiblen Arbeitszeitmodellen, Homeoffice und Kinderbetreuungsmöglichkeiten. Auch heute betonen sieben von zehn Hochschulabsolventen die zentrale Rolle ihres Privatlebens, das sie unter gar keinen Umständen durch ihre Karriere überlagert sehen wollen. Als Recruitmenttool sind solche „Work-Life-Balance"-Programme definitiv von Nutzen – Burnout-Syndrome, Krankenstand und zunehmende Ineffizienz von überlasteten Managern bestärken auch diese Entwicklung. Eher zurückhaltend sind dann die Reaktionen der Betroffenen auf diese Angebote: Entwickelt die Karriere sich erst einmal kräftig, dehnt sich das Verantwortungsfeld schnell aus und läuft die Inbox der firmeninternen Kommunikationssoftware über, ist von Arbeitsüberlastung kaum noch die Rede. Stattdessen tauchen neue Schlagwörter auf wie DCC´s, Dual Career Couples, und die Abgrenzung zwischen Arbeits- und Privatwelt verschwindet zusehends.

Was sind nun die Charakteristika einer Organisation, die diese für einen Mitarbeiter interessant werden lassen? Wie können solche Eigenschaften nach außen kommuniziert werden? Wer können die Träger dieser Kommunikation sein? Was kann eine einzigartige Unternehmenskultur auch nach außen sichtbar machen?

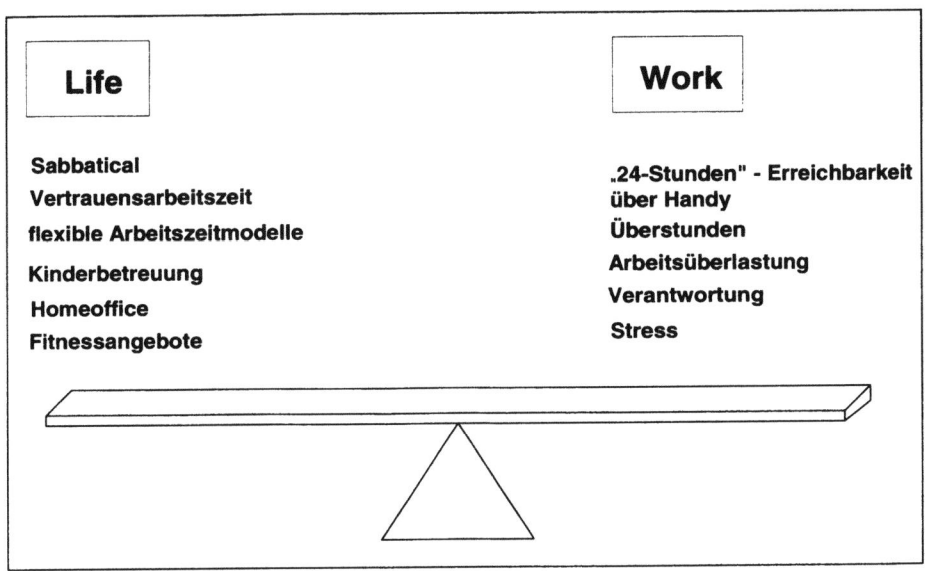

Abbildung 14: Work-Life-Balance

Ein Gutes hat es auch für Organisationen, wenn Mitarbeiter aufgrund ihrer ausgezeichneten fachlichen Qualifikation wählerisch sein können, wem sie ihre Schaffenskraft zu Verfügung stellen: den Zwang, eine State-of-the-art-Unternehmenskultur zu schaffen, um wertvolle Talente zu akquirieren und in der Firma zu halten. Denn wer nicht jedes Stellenangebot annehmen muss, stellt höhere Anforderungen an seinen Arbeitgeber! Neue Vergütungssysteme auf der Basis von Aktien- und Optionsmodellen vor allem im Hightech- und Finanzsektor haben zudem aus vielen Angestellten mittlerweile Millionäre gemacht, was ihre Entscheidungsfreiheit für oder gegen eine Organisation erheblich erhöht; auch dieser Trend verlangt eine intensivierte Auseinandersetzung mit den Arbeitsbedingungen.

Gerade bei immer stärkerer Individualisierung der Mitarbeiter und sich permanent verändernden Strukturen muss eine Bindung durch ein gemeinsames Wertesystem, eine gemeinsam verfolgte Vision erfolgen. Organisationen müssen die Voraussetzungen dafür schaffen, Visionen auch tatsächlich zu verfolgen und umzusetzen, um Produkte und Dienstleistungen erfolgreich am Markt platzieren zu können. Welcher leistungsstarke und -bereite Mitarbeiter möchte in einer Organisation tätig sein, die als Ganzes bloßes Mittelmaß ist oder gar versagt? Auch ein engagierter Führungsstil wirkt als Pull-Faktor. Jeder einzelne Arbeitnehmer muss als Individuum wahrgenommen werden; es müssen die Voraussetzungen geschaffen werden, das volle eigene Leistungspotenzial zu entfalten. Hierbei spielt der Manager die Rolle des Coachs und Mentors. Er hat dafür zu sorgen, dass eine Strategie entwickelt und umgesetzt wird. Es kann nicht selbstverständlich sein, dass der Einzelne jeden Tag seine Arbeitskraft hochmotiviert der Organisation zu Verfügung stellt, sondern es ist Aufgabe des Management dafür zu sorgen, dass jeder hierfür auch einen Grund hat. Auch schlichte Motivationsinstrumente wie ein zeitnahes, direktes Feedback gehören zu einem solchen Führungsstil. Leistung darf nicht in einem schwarzen Loch verschwinden, sondern jeder sollte jederzeit ein Gefühl dafür haben, wie gut oder auch wie schlecht sein Beitrag zum Erfolg der Gesamtorganisation ist. Dies sind sicher keine neuen Weisheiten, neu ist nur, dass die knappen Ressourcen hochqualifizierter Mitarbeiter, die erfolgreich in unserer dynamischen, sich ständig wandelnden Wirtschaftswelt agieren können, die Umsetzung solcher Strategien erfolgsentscheidend werden lässt.

In der Wahl der Mitarbeiter mit der richtigen „Attitude" sind also zunächst folgende Fragen zu beantworten:

- Welche Talente und Fähigkeiten braucht die Umsetzung der Firmenmission?

- Wem muss ein möglichst hoher Grad an Freiheit eingeräumt werden, um das Leistungspotenzial voll ausschöpfen zu können?

- Für welche Positionen sind autarke Entscheidungssituationen weniger gegeben?

- Welches sind die Werte, die alle Mitarbeiter teilen sollten?

In welchem Maße die persönliche Einstellung beruflichen Erfolg in einer bestimmten Umwelt determiniert, zeigen die folgenden Aussagen:

- Neue Aufgaben können als Chance oder als Gefahr gesehen werden.

- Erhöhte sachliche Komplexität kann genutzt werden, um den Routineanteil der täglichen Arbeit zu reduzieren, oder sie kann auch zu erhöhter Unsicherheit und damit oft zu Entscheidungsunfähigkeit führen.

- Die Internationalisierung der Tätigkeit kann als bereichernde kulturelle Vielfalt oder als Quelle sozialer Konfliktpotenziale wahrgenommen werden.

- Reorganisationen können als Gefährdung des Status quo und damit der persönlichen Sicherheit oder als Quelle neuer Aufgaben und Verantwortungsbereiche aufgenommen werden.

In einer von Dynamik, organisationaler Veränderung und sich entsprechend anpassenden Strukturen gekennzeichneten Umwelt kann sich nur derjenige entfalten, der emotional mit Unsicherheit und Zweifel umgehen kann und in der Lage ist, diese nicht nur zu akzeptieren, sondern als neue Freiheitsgrade zu begreifen und entsprechend eigenverantwortlich zu handeln.

Zusammenfassend gilt: Die „Attitude" des Kandidaten, seine Einstellungen und Überzeugungen müssen zur Unternehmensvision passen und die Rekrutierungsstrategie muss auf diese Werte ausgerichtet sein. Natürlich muss die Leistung stimmen – fachliche Voraussetzungen sind ein absolutes Muss –, aber noch wichtiger ist die Übereinstimmung mit den die Organisation leitenden Wertvorstellungen, wie beispielsweise eine überzeugte Kundenorientierung, persönliche Integrität und herausragende Leistungsbereitschaft.

3.5 Neue Karrieremodelle

Stabile unternehmerische Strukturen, fest etabliert in klar definierten Märkten, in denen Innen und Außen, Unternehmen und Wettbewerb, Lieferant und Abnehmer deutlich voneinander zu trennen sind, gehören der Vergangenheit an. Vernetzte Organisationen, Übernahmen, Kooperationen und diverse andere Modelle der Zusammenarbeit prägen heutige Wirtschaftsorganisationen. Mit diesen starren Unternehmensmodellen gehören auch die entsprechenden Karrieremodelle, titelorientiert und auf Seniorität in festen Strukturen bauend, der Vergangenheit an. Lange Jahre der Zugehörigkeit zu einer Organisation sind nicht nur unwesentlich geworden, sondern häufig schlicht unmöglich, weil die Organisation als solche sich ständig weiterentwickelt und verändert, Unternehmensgrenzen sich zunehmend auflösen. Leistung, Talent und Können haben Loyalität als Grundlage für beruflichen Erfolg abgelöst. Umgekehrt ist auch die Loyalität des Unternehmens dem einzelnen Mitarbeiter gegenüber trügerisch: In Zeiten von Restrukturierungen, Übernahmen und Fusionen existiert der heutige Arbeitgeber morgen vielleicht gar nicht mehr.

Was liegt da näher als ein Wandel des Selbstverständnisses vom passiven Arbeit-„nehmer" hin zum aktiven Dienstleister, der seine Arbeitskraft unter bestimmten Bedingungen für einen definierten Zeitraum zur Verfügung stellt? Hier ist allerdings nicht die Rede von den meist über Agenturen vermittelten niedrig entlohnten Zeitarbeitskräften, die vorwiegend arbeitsintensive, aber einfache Tätigkeiten als Ausgleich für Arbeitsspitzen oder Ausfälle von Mitarbeitern wahrnehmen. Das zunehmend sich verbreitende „Free-Agent-Modell" bietet attraktive Alternativen zu einer vermeintlich sicheren Karriere in einem großen Konzern für so genannte Wissensarbeiter, deren spezialisierte Fähigkeiten in unterschiedlichen Organisationen zum Einsatz kommen können. Der Einsatz erschwinglicher Kommunikationstechnologien auch für den Einzelnen in Verbindung mit einem für Fachkräfte weltweit seit Jahren engem Arbeitsmarkt haben diesen Trend beschleunigt. Kleine, schnell wachsende Unternehmen mit einem unter traditionellen Gesichtspunkten enormen Bedarf an hochqualifizierten Fachleuten bieten nicht nur ein ideales Tätigkeitsfeld, sondern sind häufig auch nicht in der Lage, die entsprechenden Personalressourcen auf Dauer zu binden. Wesentliche Eigenschaften des erfolgreichen „Free Agent" sind eine hohe Eigenmotivation, Versiertheit im Umgang mit modernen Informations- und Kommunikationstechnologien sowie eine schnelle Auffassungsgabe und ausgeprägte Ergebnisorientierung.

Ein Erklärungsansatz für den zunehmenden Erfolg von freiberuflichen Wissensarbeitern sind eben die genannten Bedingungen, unter denen diese Personalressourcen in Anspruch genommen werden können. Es kann angenommen werden, dass insbesondere die Qualität der Verträge von hochqualifizierten Zeitarbeitskräften einer der Hauptgründe für eine besonders hohe Zufriedenheit und damit letztendlich auch für eine hohe Leistungsbereitschaft dieser Personengruppe im Vergleich zu festangestellten Mitarbeitern ist. Unbefristet angelegte Arbeitsverträge benennen die eigentlichen Aufgaben höchstens in einer interpretationsbedürftigen, auf implizitem Verständnis beruhenden Stellenbezeichnung, die konkreten Inhalte und Ziele der Tätigkeit bleiben verschwommen, können sich ohne Einflussmöglichkeit des Betroffenen ändern und tragen insgesamt zu einem hohen Maß an Fremdbestimmung bei, mit den tendenziell negativen Auswirkungen auf Motivation und Leistungsbereitschaft. Stellt nun der Wissensarbeiter, ausgestattet mit oft hohem Verhandlungsgeschick und oft aus einer Position agierend, in der die Nachfrage nach seinem Spezialwissen hoch ist, seine Arbeitskraft zur Verfügung, geschieht dies in der Regel auf der Grundlage eines dezidierten Projekts, für das Ziel, Verantwortungsbereiche und auch Zeitvorgaben genau festgelegt sind und selbstbestimmte Grenzen bilden, innerhalb derer der Mitarbeiter auf Zeit frei agieren kann.

Mit zunehmender Mobilität von Arbeitskräften und sich weiter spezialisierenden Fähigkeiten wird der Trend der sinkenden Loyalität gegenüber Organisationen weiter zunehmen. Vor diesem Hintergrund ist zu fragen, ob das Konzept der Festanstellung nicht für noch viel mehr Bereiche als heute praktiziert in Frage gestellt werden sollte.

Ein Beispiel für den Erfolg von Netzwerkstrukturen, in denen sich Individuen zwecks Erreichung eines gemeinsamen Ziels zusammenschließen, ist die Entstehung des Computer-Betriebssystems Linux. Der Finne Linus Torvald stellte vor etwa 10 Jahren dieses von ihm auf der Basis von Unix weiterentwickelte Betriebssystem ins Internet mit der Aufforderung an alle Interessierten, es doch bitte zu nutzen und weiter zu entwickeln und die Ergebnisse immer wieder der gesamten Internetgemeinde zur Verfügung zu stellen. Weltweit arbeiteten und arbeiten immer noch Programmierer an diesem mittlerweile sehr erfolgreichen Projekt und haben damit unter Beweis gestellt, dass selbst derart komplexe Aufgaben mithilfe heutiger Kommunikationstechnologien ohne starre firmeninterne Strukturen in einer losen Netzwerkstruktur, in der die Teilnehmer einander nicht einmal kennen, realisierbar sind.

Als E-Lancer bezeichnen sich mittlerweile Individuen, die unter Nutzung elektronischer Medien in solchen Zweckbündnissen oder auch auf individualvertraglicher Basis mitarbeiten. Dienstleistungen oder auch Produkte wie Graphiken, Software-anwendungen, aufbereitete Informationen und Texte können entweder innerhalb von Netzwerken, sozusagen in Unternehmen auf Zeit, erstellt oder auch individuell angeboten werden. Elektronische Portale und Suchmaschinen bringen Anbieter und Nachfrager zusammen und ermöglichen dem E-Lancer ein größtmögliches Maß an Freiheit, wann er wie mit wem zusammenarbeiten möchte. Auch für den Auftraggeber ergeben sich Vorteile: Personalressourcen können dann flexibel eingesetzt werden, wenn sie tatsächlich gebraucht werden, organisatorischer und administrativer Aufwand bleiben minimal. Erforderliche Kompetenzen für den erfolgreichen E-Lancer sind ein hohes Maß an Eigeninitiative und Selbstmotivation, verbunden mit ausgeprägten Kommunikations-fähigkeiten neben dem speziellen fachlichen Wissen und dem nötigen unterneh-merischen Geschick, um Markttrends aufzuspüren.

3.6 Personalmarketing

Angesichts eines engen Arbeitsmarktes, zunehmender Mobilität der Arbeitnehmer und sich rasch verändernder Anforderungen an die Personalressourcen einer Organisation gewinnt erfolgreiches Personalmarketing zunehmend an strategischer Bedeutung. (Externes) Personalmarketing zielt darauf ab, die für das Unternehmen relevanten Zielgruppen zu identifizieren und dazu zu bewegen, ihre Arbeitskraft diesem Unter-nehmen und nicht etwa einem anderen zur Verfügung stellen zu wollen. Hierzu gehört vor allem die Aufgabe, die Vision der Organisation sowie die wichtigsten Parameter ihrer Philosophie und Kultur nach außen zu kommunizieren. Nicht eine Flut von Bewerbungen ist Zeichen erfolgreichen Personalmarketings, sondern der richtige Mix an geeigneten Kandidaten. Unter dem Schlagwort Personalmarketing verbirgt sich eine Vielzahl von Aktivitäten, die dazu geeignet sind, dem jeweiligen Unternehmen eine positiv herausgehobene, klar umrissene Stellung auf dem ansonsten anonymen Arbeits-markt zu verschaffen.

Hier ist ein modulares System nötig, das auf einer klaren Zielgruppendefinition beruht. Das Vorgehen muss zu Unternehmenskultur und -image passen, Authentizität und entsprechende Kundenorientierung sind kritisch. Völlig unpassend ist es, auf die Angabe von Ansprechpartnern oder Telefonnummern zu verzichten, um „lästige", zeitraubende Anrufe von potenziellen Kandidaten zu vermeiden. Auch langsame, ineffiziente Bewerbungsprozesse, das Ausbleiben von Zwischenständen und Rückmeldungen sind kein gutes Aushängeschild.

Zur adäquaten Zielgruppenansprache ist zunächst eine sorgfältige Analyse der Erwartungen und Entscheidungsfaktoren der gesuchten Mitarbeiter durchzuführen. Welche Art Bewerber passt zur Organisation, welche Stärken besitzt die eigene Organisation für eine bestimmte Bewerberklientel? So mögen die fachlichen Qualifikationen von Bewerbern für Positionen im E-Business-Bereich deckend sein, aber eine Anzahl weiterer Parameter bestimmt auch aus Sicht des Bewerbers die richtige Wahl zum Beispiel zwischen Dot-Com-Unternehmen und dem E-Business-Bereich einer Blue-Chip-Organisation. Sicherheit des Arbeitsplatzes, Entwicklungsmöglichkeiten, der Einsatz von Leading-Edge-Technologien und auch internationale Möglichkeiten mögen hier Stärken von Blue-Chips sein, die in einer Personalmarketingstrategie zu berücksichtigen sind.

3.6.1 Imageaufbau und -pflege

Personalmarketing sollte immer nur das am Markt bei der ausgewählten Zielgruppe kommunizieren, was auch tatsächlich Unternehmensrealität ist. Im Kampf um Talente reicht es für eine Organisation nicht mehr aus, Mittelmaß zu sein, weder um neue Arbeitskräfte zu gewinnen, noch um die vorhandenen Ressourcen zu halten. Auch finanzielle Anreize können die vorhandene Unternehmenskultur, die Führungsmentalität, optimale organisationale Bedingungen sowie Produkte und Dienstleistungen, auf die jeder Mitarbeiter stolz sein kann, nur unterstützen, aber zumindest mittelfristig nie ausgleichen. Dafür ergeben sich einfach täglich zu viele Alternativen für hochqualifizierte Mitarbeiter. Unternehmenskultur, Visionen und Werte müssen spürbar sein und müssen in der Organisation gelebt werden, damit Menschen sich mit ihr identifizieren können. Zuerst muss es überzeugende Antworten auf die Frage geben, warum Mitarbeiter ihre Arbeitskraft gerade der eigenen Organisation zur Verfügung stellen sollten, bevor diese Voraussetzungen kommuniziert werden können.

Personalmarketingmaßnahmen haben auf der Informationsseite ähnlich wie die Produktwerbung die Intention, ein positives Vorstellungsbild des Unternehmens bei potenziellen Bewerbern zu erzeugen und gleichzeitig die am Arbeitsmarkt vorherrschende Anonymität der Organisation als Arbeitgeber abzubauen. Idealerweise entsteht in der Wahrnehmung der geeigneten Zielgruppe ein positives, vertrauensvolles Bild des Unternehmens als möglichem geeigneten Arbeitgeber. Zu diesem Zweck gehen diese Maßnahmen über die reine Produktwerbung hinaus und ergänzen diese sowie andere unterstützende Maßnahmen wie Kultur- und Sportsponsoring im Idealfall. Der Kommunikation des Unternehmensimages nach außen kann nur dann Erfolg beschieden sein, wenn sie Authentizität ausstrahlt und gleichzeitig dem Zeitgeist entspricht. Ein etabliertes Blue-Chip-Unternehmen mit konservativen Werten wird unglaubwürdig wirken in dem Versuch, extreme Querdenker und Kreative für sich gewinnen zu wollen. Auch wenn die firmeneigene Kultur sicher zu einem Teil gestaltbar ist und hier deutliche

Wechselwirkungen zum Image eines Unternehmens erkennbar sind, muss sich doch die Grundaussage im Arbeitsalltag wiederfinden, soll Frustrationspotenzial und damit auch die schnelle Abwanderung verhindert werden. Die Aktionsparameter für Unternehmenskultur und Corporate Identity, beispielsweise Entgeltpolitik, Organisations- und Entscheidungsstrukturen, sind nur mittelfristig veränderbar und ihre Kommunikation nach außen gestaltet sich noch langwieriger.

Die bewusst am Markt gestreuten Informationen müssen nicht nur der Unternehmenswirklichkeit entsprechen, sondern gleichzeitig auch den Erwartungen und Interessen der Zielgruppe. Ein Slogan in der Personalanzeige, der „Denker, Lenker, Macher und Träumer" (Icon Medialab) anspricht und die Unternehmenskultur und das Arbeitsumfeld mit Worten umreißt, die viel Freiraum, Entwicklungsmöglichkeiten für jeden, Teamgeist, Kreativität und Internationalität versprechen, sonst aber wenig zum Unternehmen aussagt, passt zu einem jungen Unternehmen der IT-Branche. Eine etabliertere Organisation würde auf dem bei potenziellen Kandidaten vorhandenen Wissen über die Marktstellung aufbauen und zusätzlich Informationen zur Geschäftssituation liefern. Ein Beispiel hierfür ist die Recruitmentkampagne von Lucent Technologies, die ausdrücklich auf die Stärke in Forschung und Entwicklung durch die Betreibung der Bell Laboratories hinweist. Idealerweise sollten Interessenten diesen Image- oder Personalanzeigen auch die zumindest im Grundsatz an den potentiellen Mitarbeiter gestellten Anforderungen entnehmen können. Die Zielgruppe bestimmt, ob beispielsweise eher Hinweise auf die in der Organisation vorhandene Zukunftsorientierung vorherrscht oder eher Sicherheitssignale kommuniziert werden.

3.6.2 Hochschulmarketing, Young Professionals

Ergänzend zur anonymen Streuung von Informationen über Imageanzeigen, Personalanzeigen, Webauftritt oder andere Kommunikationswege runden Aktivitäten, die einen direkten Kontakt zwischen potenziellen Bewerbern und Unternehmen zum Inhalt haben, das Personalmarketingmix ab. Fokussiert sind diese Aktivitäten in erster Linie auf Hochschulabsolventen und sogenannte Young Professionals, Fachkräfte mit meist akademischer Ausbildung und etwa ein bis drei Jahren Berufserfahrung. Diese Zielgruppe hat sich mittlerweile zu einem eigenen Personalmarkt entwickelt, stellt sie doch das Potenzial zur Besetzung zukünftiger Schlüsselpositionen in der Organisation. Insbesondere für die Gruppe der Graduierten gilt, dass der Eintritt in das Berufsleben eine einzigartige Kommunikationsplattform für Recruitmentaktivitäten bildet.

Begründet werden diese Maßnahmen durch vergleichsweise geringe Kosten sowie geringe Streuverluste, da der Adressatenkreis durch die Auswahl der geeigneten Veranstaltung relativ leicht einzugrenzen ist. Die möglichen Aktivitäten reichen von Recruitmentworkshops und Kontaktmessen bis hin zum Angebot von Praktikumplätzen oder Diplomarbeitsbetreuungen. Vorteil der beiden letztgenannten Instrumente ist die gegen Ende des Studiums, also in der Bewerbungsphase, eingebaute Zeit des gegenseitigen Kennenlernens, also einer Art Probezeit bei geringem kosten- und ressourcenmäßigem Aufwand, um so die Wahrscheinlichkeit einer Fehlentscheidung auf beiden Seiten zu minimieren. Relativ neu noch sind Initiativen von Universitäten und Absolventen, sogenannte Absolventenkataloge zu erstellen. Hier finden sich sozusagen gebündelt die Graduierten eines Jahrgangs oder einer Universität – teilweise auch schon webbasiert – verfügbar zum Beispiel über „Absolventen im Internet".

Der aktuell zu beobachtende Rekrutierungswahn, beispielsweise im Umfeld von Unternehmensberatungen und auch vieler Unternehmen der IT-Branche, manifestiert sich in immer ausgefalleneren Veranstaltungen, von der gemeinsamen Reise nach Cannes bis zur Wochenendtour auf dem Rhein mit Partner. Man fühlt sich eher an eine Incentivereise für leistungsstarke Mitarbeiter oder wichtige Kunden erinnert als an ein Forum, auf dem Kandidat und Unternehmen erste Informationen übereinander austauschen können.

3.6.3 Netzwerkaufbau

Die branchenspezifische Zunahme der Bedeutung informeller Netzwerke und persönlicher Kontakte wird durch zunehmendes Verschwimmen klarer Unternehmensgrenzen und weitere Ausbildung von vernetzten Organisationen gefördert.

Nach wie vor gelten für Teilbereiche des Arbeitsmarktes wohlbekannte, seit Jahrzehnten nahezu unveränderliche Bedingungen: Eine klassische akademische oder fachbezogene Ausbildung führt zu einem fest definierten Beruf, für dessen Ausübung das in dieser Ausbildung fundierte Wissen Grundvoraussetzung ist. Die berufliche Weiterentwicklung lässt sich mit einiger Sicherheit größtenteils vorhersagen. In weiten Bereichen hat dagegen eine grundlegende Umwälzung stattgefunden. Die hier zu beobachtenden Phänomene weisen deutliche Parallelen auf zu den seit etwa Anfang der neunziger Jahre zu beobachtenden Umwälzungen auf den Aktienmärkten. Letztere waren beherrscht von wenigen etablierten Marktteilnehmern; Informationen waren teilweise schwer zugänglich; Kontakte spielten eine wesentliche Rolle in der Positionierung dieser Marktteilnehmer; der Zeithorizont sowohl privater als auch institutioneller Anleger war deutlich länger als heute. Die Kombination der weltweiten Liberalisierung der Aktienmärkte in Verbindung mit einem sowohl zeitlich als auch kostenmäßig deutlich erleichterten Zugang zu Marktinformationen für jedermann brachte weitreichende Umwälzungen mit sich. Zu Beginn des 21. Jahrhunderts ist es schon eine Selbstverständlichkeit, per E-Banking das eigene Portfolio zu verwalten.

Ähnliche Entwicklungen zeigt auch der Arbeitsmarkt. In den letzten Jahren hat sich die Verweildauer des einzelnen Arbeitnehmers in einem Unternehmen deutlich verringert. Die klassische unternehmensinterne Karriere von der Ausbildung bis zur Rente ist zur Seltenheit geworden. Die Mehrzahl der Arbeitnehmer wechselt heute nicht nur mehrmals den Arbeitgeber, sondern dazu auch gleich die berufliche Ausrichtung.

Unzufriedenheit am Arbeitsplatz führt nicht mehr (nur) zur inneren Kündigung, sondern häufig gleich zum Arbeitgeberwechsel. Auch die Gründe für diese Unzufriedenheit haben sich deutlich gewandelt. Heute werden häufig der Wunsch nach Work-Life-Balance und persönlicher Weiterentwicklung und ein höherer Anspruch an Inhalte der Arbeit genannt.

Der Einsatz neuer Tools in der Personalauswahl erleichtert dieses Verhalten durch eine deutlich erhöhte Markttransparenz. Noch vor wenigen Jahren bestanden die Informationsmöglichkeiten für den Arbeitsplatzsuchenden in erster Linie im Studium der Stellenausschreibungen der relevanten Tageszeitungen oder Fachmagazine. Nur den hierarchisch herausgehobenen Positionen war die Vermittlung über Personalberater zugänglich. Dagegen stellt sich die Situation heute ganz anders da: Jobbörsen jedweder Couleur (mit und ohne Streaming, branchenspezifisch, regionsspezifisch oder auch auf bestimmte Arbeitsmarktsegmente wie Hochschulabsolventen und Young Professionals ausgerichtet) inklusive der dahinterliegenden Datenbanken, Recruitmentworkshops und spezielle Messen ermöglichen Stellensuchenden und Arbeitgebern direkten Zugang zu einer Vielzahl von Interessenten. Personalberatungen und Agenturen vermitteln mittlerweile auf nahezu allen Hierarchieebenen Personal.

Hinzu kommt, dass ein Wechsel des Arbeitgebers innerhalb eines gewissen Zeitraums heute schon fast ein Muss ist, um Flexibilität und Anpassungsfähigkeit zu beweisen. Vor der klassischen Frage „und warum haben Sie nach X Jahren Ihren Arbeitgeber gewechselt?" sieht der Bewerber sich heute eher Nachforschungen gegenüber, welche Entwicklungsmöglichkeiten ihn denn so lange beim selben Arbeitgeber haben verweilen lassen. Der Arbeitgeberwechsel an sich ist heute definitiv kein Manko mehr, wenn er sich denn gut begründen lässt.

In diesem Umfeld ist eine – branchenspezifisch unterschiedlich ausgeprägte – Zunahme der Bedeutung informeller Netzwerke und persönlicher Kontakte zu verzeichnen. Das weitere Verschwimmen klarer Unternehmensgrenzen sowie die gleichzeitige Ausbildung vernetzter Organisationen fordert eine verstärkte enge Kommunikation aller Akteure des Arbeitsmarktes, um die sich fortwährend ergebenden Möglichkeiten zu nutzen. Nicht zuletzt aufgrund dieser engen Kommunikation ist die Wahrung hoher Qualitätsstandards im Umgang mit Bewerbungen und vor allem Absagen ein wichtiger Beitrag zum Personalmarketing. Auch wenn Fehlbesetzungen natürlich vermieden werden müssen, ist insbesondere die Ablehnung vorsichtig zu kommunizieren.

3.7 Recruitmentmethoden

„Traditionelle" Recruitmentmethoden konzentrieren sich in der Regel darauf, ein festes Anforderungsprofil, in erster Linie ausgerichtet auf Fachwissen, festzulegen und über traditionelle Medienkanäle, in der Regel Zeitungen oder Fachzeitschriften, die zuvor definierte Bewerberzielgruppe anzusprechen. Den erfolgreichen Kandidaten werden feste Titel verliehen und ein entsprechender Platz in der Unternehmenshierarchie zugeordnet mit dem entsprechenden marktüblichen Entlohnungspaket. Heute erfolgreiche Recruitmentmethoden müssen darüber hinausgehen, um die zuvor beschriebenen Kandidaten identifizieren und akquirieren zu können. Zu (direkt oder indirekt) messbaren Performancekriterien einer erfolgreichen Personalauswahl zählen die folgenden Merkmale der Belegschaft:

- Qualifikationsstruktur

- Motivationsgrad

- Loyalität

- Internationalität

- Vergütungsstruktur

- Altersaufbau

Die Effizienz einer Beschaffungsmethode wird messbar nach Kosten und Erfolg im Sinne der aufgeführten Kriterien, sowie der „time to fill". Die Bewertung der Veranstaltungen nach quantitativen und qualitativen Merkmalen wie Qualität und Zahl der Kontakte, Interviews, Einstellungen ist abhängig von einer Vielzahl verschiedener Faktoren wie Mobilitäts- und Qualifikationsmuster der betreffenden Zielgruppe, Image des Arbeitsgebers etc. Das Qualifikationsmuster einer zu besetzenden Position bestimmt beispielsweise, ob im Fall eines Spezialisten eine Maßnahme mit geringer Streubreite, wie die Schaltung einer Anzeige in einer Fachzeitschrift, erfolgversprechend ist oder etwa eher generalistische Qualifikationsmuster die Beschaffungsmöglichkeiten, aber damit auch die Auswahlkomplexität erhöht. Oft ist eine sinnvolle Kombination verschiedener Methoden die effizienteste und vor allem schnellste Methode, den richtigen Bewerber zu entdecken.

Die Wahl der passenden Recruitmentmethode(n) ist abhängig von den Zielparametern:

- Sind Zeitfaktoren (Time-to-fill) wichtiger als Kostenüberlegungen?

- Soll über das eingesetzte Instrumentarium nur eine konkrete Vakanz besetzt werden oder ist das Recruitment auch Teil einer Imagekampagne?

- Welches Instrument passt zur Unternehmenskultur?

- Wie werden die Vorlieben der Zielgruppe sein, welche Medien und Vorgehensweisen werden akzeptiert?

- Ist die Zielgruppe regional abzugrenzen oder eher fachlich?

Nachfolgend werden einige Tools im Hinblick auf ihre Eignung und Aktualität angerissen. Die Aufzählung ist bewusst nicht vollständig oder umfassend, sondern soll eher verdeutlichen, dass der Phantasie keine Grenzen gesetzt sind: Hier gilt wie bei jeder anderen Dienstleistung, dass eine solche auf die Bedürfnisse der Zielgruppe abgestimmt und von ihr akzeptiert sein muss, ansonsten hilft auch der schlüssigste Business Case nicht.

Grundsätzlich ist ein Trend zum Outsourcing von Teilaufgaben des Recruitment zu beobachten. So erhöht sich die Intensität der Zusammenarbeit mit Personalberatern im Bereich der Besetzung von Führungskräften. Auch bei der Nachwuchsbeschaffung arbeiten Unternehmen zunehmend mit Jobbörsen und Rekrutierungsexperten zusammen.

3.7.1 Online-Recruitment

Traditionell das am häufigsten genutzte Instrument, offene Positionen publik zu machen und geeignete Bewerber anzusprechen, war das Inserat in Tageszeitungen und Fachpublikationen. Hier haben sich im Laufe der Jahre bestimmte Publikationen für einzelne Branchen und Qualifikationsprofile herausgebildet. Funktionell geht es bei einer Stellenanzeige lediglich um die anonyme Bekanntgabe einer oder mehrerer offener Positionen mit der Aufforderung, bei Interesse eine entsprechende Bewerbung einzureichen.

Das internetbasierte Online-Recruitment stellt in diesem Sinne nur eine technische Weiterentwicklung derselben Methode dar. Anfangs hatte es jedoch mit dem vermeintlichen Nachteil gegenüber Stellenanzeigen zu kämpfen, dass Zielgruppen nicht ausreichend spezifisch angesprochen werden könnten, wie dies bei den etablierten Stellenteilen der Printmedien der Fall ist. Mit der zunehmenden Selbstverständlichkeit eines Internetzugangs sind Zielgruppen heute gleichermaßen Hochschulabsolventen wie Spezialisten; umstritten ist allerdings nach wie vor der Einsatz des Internet bei der Besetzung von Positionen des mittleren und gehobenen Management, obwohl auch hier eine verstärkte Akzeptanz zu beobachten ist. Bei dieser Bewerberklientel herrscht nach wie vor eine gewisse Scheu davor, sensible persönliche Daten dem Internet oder gar Datenbanken anzuvertrauen.

Mit immer weiter verbesserten Suchfunktionen bietet das Internet heute immense Vorteile gegenüber konventionellen Printmedien, auch wenn es diese bislang nur ergänzt, aber nicht ersetzt hat. Immerhin wird das Volumen des weltweiten Marktes für Online-Recruitment auf derzeit etwa eine Milliarde US-Dollar geschätzt. Typisch ist die Online-Veröffentlichung von Stellenangeboten in überregionalen Tageszeitungen, um eben den Vorteil der zeiteffizienten Suche zu nutzen. In den letzten Jahren ist die Bedeutung des Internet als Plattform für das Recruitment derart gestiegen, dass der Begriff E-Cruiting mittlerweile durch die Medien geistert. Für Unternehmen der IT-Branche ist die Nutzung dieses Mediums geradezu eine Selbstverständlichkeit, andere Organisationen nutzen das Internet auch, um über die Aufgeschlossenheit gegenüber modernen Medien die innovative Einstellung der Organisation zu kommunizieren.

Das Internet wird als Recruitmentmedium sowohl von Unternehmen über ein eigenes Recruitment-Tool im Rahmen des gesamten Internetauftritts als auch über professionelle sogenannte Jobbörsen genutzt. Der Name für letztere ist Programm, geht es doch hier darum, strukturiert Anbieter und Nachfrager zeitnah und kostengünstig zusammen zu bringen. Gewöhnlich geben Bewerber ihre Daten, teils in der klassischen Form inklusive eingescannter Urkunden, Zeugnisse und Bewerbungsfoto, in eine Datenbank ein, auf die Unternehmen gegen Gebühr Zugriff haben.

Entscheidend für die erfolgreiche Rekrutierung ist die Qualität der in der Datenbank zur Verfügung stehenden Suchfunktionen, sogenannte Matching-Systeme, anhand derer angebotene und nachgesuchte Qualifikationen und Profile automatisiert verglichen werden können. Heute existieren regional wie branchenspezifisch ausgerichtete Jobbörsen, die eine gezielte Suche nach geeignetem Personal ermöglichen. Jobbörsen selbst könnten im Zuge der Weiterentwicklung der Internettechnologien schon bald überflüssig werden, wenn sogenannte „Directories" Suchfunktionen anbieten, die Zugang zu jeder im Internet ausgeschriebenen Position ermöglichen. Neben der Schaltung von Stellenangeboten über die eigene Homepage oder über Jobbörsen bietet das Internet mannigfaltige Möglichkeiten zur aktiven Suche nach geeigneten Kandidatenprofilen, sogenanntem „Data mining". Da diese Suche allerdings unter Umständen recht zeitaufwendig sein kann, wird dieser Rekrutierungskanal verstärkt von Personalberatern genutzt.

Die Vorteile des Internet sind, vor allem bei Nutzung einer eigenen Jobseite, sehr niedrige Kosten, schnelle Prozesse und über die Etablierung entsprechender Links auch eine hohe spezifische Zielgruppenausrichtung. Wichtig für den Erfolg ist die Qualitätssicherung der eingehenden E-mail-Bewerbungen, die über Online-Bewerbungs-bögen mit entsprechenden Vorgaben leicht zu steuern ist. Ansonsten kann es schnell passieren, dass die Online-Bewerbung eine wenig aussagekräftige Kurzbewerbung wird und schriftliche Bewerbungsunterlagen oder Arbeitsproben nachgefordert werden müssen. Allerdings entfällt durch die Vorgabe von Standards Einiges an Individualität der konventionellen Bewerbungsmappen, die für manche Positionen nach wie vor sehr wichtig als erstes Auswahlkriterium sein kann.

Die Möglichkeiten des Internet sind im Bereich Recruitment noch lange nicht ausgeschöpft. Fantasievolle und gleichzeitig zielgerichtete neue Nutzungen finden sich fast täglich. Besonders der Anteil interaktiver Modelle steigt in jüngster Zeit rasant. Ein gelungenes Beispiel ist das von Siemens eingesetzte Internetspiel „Challenge-Unlimited". Während der Bewerber spielerisch Aufgaben und Probleme löst, wird auf der Grundlage eines Testverfahrens anhand der Entscheidungen und Verhaltensweisen des Teilnehmers ein individuelles Profil erstellt. Vorher definierte Kernkompetenzen wie Kreativität, Lernfähigkeit, Erfolgsorientierung und Kundenorientierung können so gleich hinterfragt werden. Dieses gibt dem Mitspieler Feedback über die eigenen Stärken und Schwächen im Vergleich zu den von Siemens an erfolgreiche Kandidaten gestellte Anforderungen und ist gleichzeitig die Basis für einen umfangreichen Pool an interessierten und geeigneten Bewerbern.

Evaluationskriterien für Internetschaltungen sind vor allem die Zahl und Qualität der eingehenden Antworten. Daneben existieren eine Anzahl technischer Möglichkeiten, die Zahl der „hits" und „views" einer bestimmten Seite zu dokumentieren. Entscheidendes Erfolgskriterium sind oft die angebotenen Suchmechanismen, die es dem Bewerber ermöglichen, schnell und unkompliziert zu den für ihn interessanten Positionen vorzudringen.

Manchmal kann es aber auch überaus erfolgreich sein, an der richtigen Stelle ganz einfach eine Plakatwand anzumieten – auch im Internet-Zeitalter muss die beste Lösung nicht unbedingt die High-Tech-Variante sein.

3.7.2 Personalberater

Noch vor wenigen Jahren wurden Personalberater fast ausschließlich für die Besetzung von Positionen im gehobenen Management zu Rate gezogen. Bedingt durch die enge Arbeitsmarktsituation für Fach- und Führungskräfte hat sich das Tätigkeitsspektrum mittlerweile deutlich ausgeweitet und umfasst heute auch die Suche nach Führungs-kräften für das mittlere Management sowie nach Fachkräften vornehmlich mit IT-Ausrichtung. Nach wie vor entscheidend für die Suche nach Führungskräften ist häufig die Tatsache, dass der potenzielle Arbeitgeber am Arbeitsmarkt selbst anonym bleiben möchte. Für alle anderen Fälle überwiegt heute, dass Stellen über die existierenden Netzwerke des Beraters wahrscheinlich schneller zu besetzen sind und sowohl Personal-verantwortliche als auch Linienvorgesetzte durch die Tätigkeit des Personalberaters

entlastet werden. Vor allem dort, wo sich die Spirale von starkem Unternehmens-
wachstum mit der entsprechenden Anzahl neu zu besetzender Positionen bei gleichzeitig
kürzeren Beschäftigungszeiten dreht, steht der letzte Punkt oft ganz oben auf der
Prioritätenliste.

Problematisch ist nach wie vor die hohe Intransparenz des Beratermarktes. Fehlende
anerkannte Leistungsstandards machen es nahezu unmöglich, die Professionalität eines
Beraters im Vorhinein abzuschätzen. Nach wie vor sind daher die häufigsten Wege der
Kontaktanbahnung Empfehlungen oder Folgeaufträge zufriedener Kunden. Nicht unterschätzen sollte man die Konsequenzen des intensiven Einsatzes von Personalberatern in
einem engen Arbeitsmarkt. Die Wechsel von einem Arbeitgeber zum nächsten werden
immer schneller vollzogen, Gehälter steigen – schließlich muss der Wechsel
schmackhaft gemacht werden und die Beraterprovision macht in der Regel einen
Prozentsatz des Jahresgehalts des vermittelten Kandidaten aus – und auch die Telefone
der eigenen Mitarbeiter klingeln. Da hilft es auch nicht, an Telefonzentrale und Post-
stelle entsprechende Verhaltensweisen ausgegeben zu haben. Lässt sich ein neuer
Mitarbeiter in erster Linie von monetären Anreizen locken, so wird auch der Nächste mit
diesen Argumenten Erfolg haben. Um langfristig Mitarbeiter zu binden, muss schon der
Personalberater in der Lage sein, potenziellen Kandidaten wichtige Informationen über
Unternehmenskultur, Entwicklungsmöglichkeiten und Arbeitsinhalte authentisch und
glaubhaft zu vermitteln. Eine ganz wichtige Aufgabe des Beraters ist die erfolgreiche
Moderation sowohl der Erwartungen der Kandidaten als auch des Auftraggebers.

3.7.3 Messen und Workshops

Recruitmentveranstaltungen jeder Couleur beherrschen vor allem die Akquisition von
Hochschulabsolventen. Was in den achtziger Jahren durch Studentenorganisationen wie
AIESEC ins Leben gerufen wurde, um die Arbeitsmarktsituation für Absolventen
transparenter zu machen und den zeitweise schwierigen Einstieg in das Berufsleben zu
erleichtern, hat sich mit den Angebotsengpässen des Arbeitsmarktes in ein intensives
Werben von Organisationen um den geeigneten Nachwuchs gewandelt. Professionelle
Anbieter stellen abgerundete Dienstleistungen zur Verfügung, die von der profilbasierten
Datenbankrecherche im Vorfeld der Veranstaltung zwecks Anbahnung von Gesprächs-
terminen über die entsprechende Public Relations bis zur kompletten Organisation
inklusive Unterbringung, Rahmenprogramm und Catering reicht.

Naturgemäß fokussieren diese Veranstaltungen sich auf Branchen, die über die
Schaffung von Einstiegsmöglichkeiten für Hochschulabsolventen ihren Personalbedarf
zu decken versuchen. Vorreiter waren Banken, Versicherungen, die großen Wirtschafts-
prüfungsgesellschaften und Unternehmensberatungen; in jüngerer Zeit hat die IT-
Branche dieses Medium für sich entdeckt.

Unter Effizienzgesichtspunkten spricht für die Durchführung von solchen Messen als Rekrutierungsmaßnahme eine hohe Zahl an Kontakten sowie eine fachspezifische Zielgruppenorientierung: Die Kandidaten wissen genau, welche Unternehmen sich mit welchen Karrieremöglichkeiten vorstellen werden, und auch die Fachrichtung der Bewerber ist vorher bekannt. Beide Seiten haben kosten- und zeiteffizient die Möglichkeit zum unverbindlichen Kennenlernen und Informationsaustausch. Allerdings ist die Chance zur Vorselektion teilweise stark eingeschränkt. Folglich bleiben Kontakte häufig an der Oberfläche stecken.

Über das reine Informationsforum hinaus gehen Workshops für Absolventen, die entweder als firmenspezifischer Workshop oder für eine bestimmte Branche von einem externen Dienstleister wie beispielsweise der access AG angeboten werden. Diese Veranstaltungen haben bewusst nicht den Charakter eines Assessment-Centers, bei dem es um die Vergabe konkreter Stellenvakanzen geht, sondern sollen über praxisnahen Aufbau der Veranstaltungen und intensiven Kontakt zwischen Teilnehmern und Unternehmensvertretern den Absolventen die Möglichkeit geben, ihre Vorstellungen mit der Unternehmensrealität abzugleichen und einen kleinen Einblick in die jeweilige Unternehmenskultur zu bekommen. Das eigentliche Auswahlverfahren schließt sich bei gegenseitigem Interesse erst danach an. Dieses Tool ist zwar im Vergleich zu herkömmlichen Recruitingmessen deutlich zeit- und personalintensiver, dafür wird aber auch ein enger Kontakt zu vorselektierten Kandidaten ermöglicht. Insbesondere über unternehmensinterne Workshops können nachhaltige Präferenzen für die eigene Organisation bei Kandidaten erzeugt werden, die durch die hohe Individualität, intensive Kontakte mit Firmenvertretern sowie die Auseinandersetzung mit firmenspezifischen Fragestellungen letztendlich den Ausschlag bei Wahlmöglichkeiten zwischen mehreren Arbeitgebern geben können.

In den letzten Jahren wurden auch Fachmessen über die Vermarktung der Produkte und Dienstleistungen hinaus vermehrt als Forum für das Recruiting erfahrener Mitarbeiter genutzt. Besonders in der IT-Branche haben sich Fachmessen mittlerweile zu Recruitment-Event ausgewachsen. Sei es die CeBIT in Hannover oder die Systems in München, das Wort „Jobs" taucht auf fast jedem Messestand auf, spezielle Veranstaltungen werden professionell vom Messeveranstalter oder Subunternehmen angeboten. Hier bietet sich die Gelegenheit, neben Informationen über die Produkte und Dienstleistungen eines potenziellen neuen Arbeitgebers sich vor allem auch einen ersten Eindruck von den Menschen zu verschaffen, die diesen dort vertreten. Gleichzeitig hat ein Gespräch mit Personalverantwortlichen auf einer solchen Fachmesse nicht die Verbindlichkeit, die ein offizielles Vorstellungsgespräch für beide Seiten mit sich bringt.

3.7.4 Greencard versus Outsourcing im IT-Bereich

Trotz unvermindert hoher Arbeitslosenzahlen in weiten Teilen Europas macht sich der Engpass in der Verfügbarkeit von Mitarbeitern mit bestimmten, hochspezialisierten Fähigkeiten immer stärker bemerkbar. Besonders betroffen und in der öffentlichen Diskussion heftig diskutiert ist der Mangel an Fachkräften im IT-Bereich. Schätzungen gehen davon aus, dass allein in Deutschland die Zahl der offenen Stellen in dieser Branche 400 000 erreichen wird. Für U.K. ist ein Bedarf von 350 000 zusätzlichen Fachkräften bis zum Jahr 2002 vorhergesagt.

Im Vergleich zu anderem dringend gesuchten Personal liegt ein deutliches Schwergewicht auf den spezifischen IT-Kenntnissen; andere Fähigkeiten und Kenntnisse wie Sprachen, Kulturverständnis und Soft Skills treten dagegen zurück. Diese Situation hat in den vergangenen Jahren in den New Economies dazu geführt, die Barrieren für die Erlangung von Arbeits- und Aufenthaltsgenehmigungen für Personenkreise mit vorab definierten nachweisbaren Kenntnissen deutlich zu senken. Im Laufe des letzten Jahres erhielten allein 70 000 indische IT-Spezialisten eine Arbeitsgenehmigung für die USA.

Demgegenüber konnte Europa sich bislang nicht als attraktiver Standort für IT-Bewerber aus dem Ausland etablieren: Auf die in Deutschland eingerichteten 20 000 Fünf-Jahres-Visa haben sich bislang etwa 2000 Kandidaten beworben und auch eine ähnliche Initiative in Großbritannien war bisher nicht sehr erfolgreich.

Im Oktober 2000 startete StepStone eine Initiative gemeinsam mit Yahoo! India, die gleichzeitig lokale Jobs wie auch solche in Europa publiziert. Immerhin war hier der Andrang derart hoch, dass computerbasierte Auswahlmodule halfen, die geeigneten Kandidaten zu identifizieren. Besonders attraktiv erschien Bewerbern die Möglichkeit, in einer technologisch führenden Umgebung Erfahrung sammeln zu können. Auch das zu erwartende Entgelt spielte eine Rolle, allerdings haben die Differenzen am oberen Ende des Marktes sich inzwischen fast ausgeglichen. Nicht zu unterschätzen für den „Wohlfühlfaktor" der Arbeitskräfte aus der Ferne sind Sprachbarrieren und die Anzahl von schon vor Ort etablierten Landsleuten.

3.7.5 Internes Headhunting

Die Aufgabe, qualifiziertes Personal zu finden, teilen sich Personalmanager zunehmend und mit wachsendem Erfolg mit ihren Mitarbeitern. Aus Studienzeiten und Berufsjahren in anderen Unternehmen verfügt nahezu jeder über ein Netzwerk von Bekannten, die eine ähnliche berufliche Vorbildung haben. Hinzu kommt noch das firmeninterne Wissen über Unternehmens- und Kommunikationskultur, Prozesse und Produkte, die dem Bewerber einen unschätzbaren Informationsvorteil bieten in seiner Entscheidung für den nächsten Karriereschritt. Auch der erste Kontakt im neuen Unternehmen ist so schon gesichert und der Einstieg deutlich erleichtert. Warum also diese Gegebenheiten nicht aktiv fördern, anstatt sie dem Zufall zu überlassen? Die erfolgreiche Vermittlung neuer Mitarbeiter lassen Unternehmen sich etwas kosten: Organisationen wie IBM, Accenture, A. T. Kearney und UUNET prämieren diese Dienstleistungen mittlerweile mit bis zu fünfstelligen Geldbeträgen. Allerdings sollte auch hier bei der Auswahl weiterhin gut hingeschaut werden, denn der monetäre Anreiz für den Mitarbeiter verschleiert vielleicht auch mal den Blick auf die Qualität des Bewerbers. Ist der Mitarbeiter wirklich von Arbeitsklima und Unternehmenskultur überzeugt, wird er dies auch ohne den finanziellen Anreiz im Bekanntenkreis weitergeben.

3.8 Auswahlinstrumente

Gerade bei extremem Wachstum von Start-up-Unternehmen, in denen die Human-Resources-Funktion noch wenig gefestigt ist und der Zeitfaktor oft gegenüber allen anderen überbewertet wird, wird oft nach dem „Schattenprinzip" eingestellt, wie Bob Knowling, CEO der amerikanischen Internet Services Firma Covad, es scherzhaft nennt: Wer einen Schatten im Spiegel werfe, sei auch schon eingestellt. Allerdings wird ein solch unkritisches Verhalten in der Bewerberauswahl rasch durch eine hohe Fluktuationsrate bestraft. In stark reglementierten Volkswirtschaften mit Betriebs-verfassungsrecht, Gewerkschaften und Betriebsräten wie in Deutschland ist der Schaden durch die schlecht performenden Mitarbeiter, die freiwillig das Unternehmen nicht wieder verlassen, auch noch ungleich höher. Ein Grund mehr, bei der Auswahl der geeigneten Kandidaten die nötige Umsicht und Sorgfalt walten zu lassen und nicht nur „High Potentials", sondern lieber „Right Potentials" zu akquirieren.

Das Instrumentarium, aus der Gruppe der Bewerber den richtigen Kandidaten zu identifizieren, ist reichhaltig. Ziel ist es immer, im Vorfeld des Vertragsabschlusses möglichst viel über den Menschen, seine Fachkenntnisse, Arbeitsweise, Verhaltens-weisen und Motivationsstruktur zu erfahren, um letztendlich Rückschlüsse ziehen zu können, wie hoch der Beitrag des Einzelnen zum Unternehmenserfolg sein kann. Konzepte wie das von der Boston Consulting Group entwickelte Bezugsgrößensystem zur Erfassung der Produktivität pro Arbeitsplatz (VAP = value added per person) oder der sogenannte Human Capital Index, der beispielsweise von Watson Wyatt angewandt wird, verdeutlichen das gestiegene Bewusstsein für den wirtschaftlichen Wert der Ressource Mensch. Die zur Verfügung stehenden Methoden lassen sich nach dem Grad ihrer Strukturiertheit und Systematik unterscheiden. Strukturierte Verfahren lassen sich nach verschiedenen messbaren Kriterien wie Objektivität, Reliabilität und Validität einschätzen.

Die Entscheidung für das passende Auswahlinstrumentarium ist von verschiedenen Fragestellungen abhängig:

- Besteht eine hohe Wahrscheinlichkeit, dass die Stellenanforderungen über einen längeren Zeitraum im Kern bestehen bleiben?

- Stehen fachliche Qualifikationen im Vordergrund oder ist die Position durch einen Generalisten zu besetzen?

- Muss eine Auswahl aus mehreren geeigneten Kandidaten für eine konkrete Stelle getroffen werden (bedarfsorientierte Entscheidung) oder wird ein eher potenzialorientierter Ansatz in der Auswahl verfolgt?

- Welche Fähigkeiten und Kenntnisse muss der Bewerber als absolutes Mindestmaß mitbringen, was sind die Prioritäten? Entsprechen diese auch den tatsächlichen Stellenanforderungen?

- Ist eine ausreichende Akzeptanz der angewandten Tools (vor allem bei Einsatz eignungsdiagnostischer Instrumente) bei Kandidaten zu erwarten?

Ein Resultat der überschwänglichen Umwerbung vermeintlicher High Potentials durch aufwendige, luxuriöse Recruitingveranstaltungen ist die Akquisition von solchen Personen, die die gewünschten Soft Skills nicht mitbringen, sondern eher mangelndes Sozialverhalten, unangemessenes Karrieredenken und eine stark überzogene Anspruchshaltung zeigen. Dies stört nicht nur die Effizienz in der Erfüllung der gestellten Aufgaben des Einzelnen und kompletter Teams, sondern führt zusätzlich noch ungewollt zu einem hausgemachten Retentionproblem.

Nach wie vor Selektionsinstrument Nummer eins ist das persönliche Gespräch. Gerade im virtuellen Internetzeitalter zählt vor allem der persönliche Kontakt. Während naturgemäß sowohl Bewerber wie auch Arbeitgeber sich hier von ihrer attraktivsten Seite zeigen wollen, ist Voraussetzung für die richtige Wahl eine offene und authentische Kommunikation der Bedingungen, die der Kandidat in der Organisation vorfinden wird. Hier sollte eindeutig geklärt werden, ob sich die Interessen von Bewerber und Arbeitgeber decken. Fehlt die methodisch fundiert erhobene Analyse der Anforderungsmerkmale, die im Interview überprüft werden sollen, basiert die letztlich getroffene Entscheidung oft auf subjektiven Einschätzungen von Merkmalen, über deren Existenz sich die Beteiligten häufig nicht einmal im Klaren sind. Auch werden Personalauswahlgespräche nicht immer so geführt, dass nach ihrem Abschluss alle notwendigen Informationen vorliegen. Als Ergänzung zu solchen auf Erfahrung und Menschenkenntnis aufbauenden Instrumenten können standardisierte Verfahren wie Fähigkeits- und Leistungstest zum Einsatz gebracht werden.

Unbedingt zu vermeiden ist die Zeitfalle, d. h. die Auswahl eines zeitsparenden, aber unzureichenden Instruments oder der Verzicht auf den Einsatz weiterer Instrumente. Der durch eine falsche Einstellungsentscheidung möglicherweise verursachte Schaden bindet weitere Zeitkapazitäten, verursacht neue Recruitmentkosten und – was häufig unberücksichtigt bleibt – kann einen erheblichen Schaden durch verminderte Produktivität in der Organisation bewirken.

Seltener und eher für mehrfach zu besetzende Positionen, beispielsweise für Hochschulabsolventen, angewandt werden verhaltensorientierte Assessment-Center, deren Effizienz in erster Linie von der Kongruenz von Aufgaben und besetzenden Profilen und einer professionellen Durchführung determiniert wird. Noch seltener anzutreffen sind Persönlichkeitstests, denn da Ziele und Methoden unklar sind und die Zielgruppe für letztere oft undifferenziert breit angelegt ist, liegt eine geringe Akzeptanz auf Seiten der Bewerber vor. Hilfreich für die Steigerung der Akzeptanz von Persönlichkeitstests in der Personalauswahl ist eine transparente Zielsetzung der angewandten Verfahren sowie ein direktes und offenes Feedback über die Ergebnisse. Außerdem sollten Persönlichkeitstests immer nur ein Baustein unter mehreren Auswahlinstrumenten sein, aber niemals allein die Grundlage für eine Stellenbesetzung bilden.

3.9 Recruitmentprozess

Für einen effizienten Recruitmentprozess müssen adäquate, möglichst skalierbare Human-Resources-Systeme zum Einsatz gebracht werden, um Prozesse zu optimieren und gleichzeitig Flexibilität zu erhalten.

Auch für die Effizienz von E-Recruitment-Strategien ist die Einbettung in die bestehenden Human Resources-Informationssysteme entscheidend. Idealerweise sollte so der Bewerber selbst einmal alle erforderlichen Daten und Dokumente online zur Verfügung stellen, damit das Personalmanagement von zeitraubenden administrativen Aufgaben, wie der Eingabe von Bewerberdaten, entlastet werden kann. Inzwischen existieren integrale Systeme, innerhalb derer der gesamte Recruitmentprozess von der Stellenbeschreibung über die Genehmigung der Vakanz, die Schaltung auf unternehmensinternen Internetseiten oder auch in Jobbörsen bis hin zum kompletten Bewerberprozess inklusive Datenbankverwaltung der eingehenden Bewerbungen und automatischer Email-Versendung für alle involvierten Prozesse, Vertragserstellung und letztendlich Übernahme der relevanten Daten in die Mitarbeiterdatenbank abgebildet werden können. Auf diese Weise kann der komplette Recruitmentprozess extrem zeitnah und kosteneffizient abgebildet werden und gleichzeitig werden Ressourcen freigesetzt, um sich strategischen Personalaufgaben zu widmen.

Grundsätzlich sollte eine enge Kommunikation mit Bewerbern gepflegt werden. Das gewählte Instrumentarium sollte den gesamten Prozess von der Kontaktaufnahme über die Selektion bis hin zur weiteren Pflege von Kontakten abbilden können. Ein effizienter Umgang mit eingehenden Bewerbungen bedingt eine technische Vorselektion nach definierten Anforderungen, aber auch, dass grundsätzlich interessante CV´s, für die es derzeit keine offenen Positionen gibt, in eine Datenbank aufgenommen werden, um später für neu sich ergebende Vakanzen nach Suchbegriffen schnell abrufbar zu sein.

Messlatte für den gesamten Recruitmentprozess von der Auswahl der Methode über die administrative Betreuung bis hin zum Einstellungsvertrag muss immer die Überlegung sein, dass es sich hier um eine Dienstleistung des potenziellen neuen Arbeitgebers dem Bewerber gegenüber handelt. Die Wortwahl in der Stellenanzeige, die Dauer der Beantwortung eingehender Bewerbungen und das Auftreten des Personalverantwortlichen im persönlichen Gespräch – alle diese Eindrücke sind Mosaiksteinchen im Gesamteindruck, den der Bewerber und vielleicht dann Mitarbeiter von der Organisation erhält, und der erste Eindruck ist bekanntlich ein bleibender! Unabhängig davon, ob der Arbeitsmarkt tendenziell eher die Anbieter- oder Nachfragerseite begünstigt und das Werben um Personal leichter oder schwerer fällt: Ob als Kunde, Lieferant oder späterer Arbeitnehmer, die Einstellung des Bewerbers zum Unternehmen wird über die erlebten Schnittstellen im Rahmen des Recruitmentprozesses nachhaltig geprägt.

Die optimale Gestaltung des Recruitmentprozesses hat nicht nur prozessbedingt wirtschaftliche Vorteile für die Organisation. Ein von Anfang an gewährleisteter professioneller Umgang mit den Erwartungen und Interessen des Bewerbers erhält langfristige Motivierungspotenziale, die leicht schon im Bewerbungsprozess zerstört werden können. Werden in der Rekrutierungsphase Vorstellungen geweckt, die später nicht erfüllt werden können, ist eine hohe Fluktuation vorprogrammiert. In der Bewerbungsphase ist es auch bei hohem Rekrutierungsaufwand entscheidend, jedem Bewerber das Gefühl einer individuellen Behandlung zu geben, was vor allem dann ermöglicht wird, wenn im Hintergrund optimierte Prozesse ablaufen, die Freiräume für die zuständigen Personalreferenten und Linienverantwortlichen schaffen.

Die Recruitmentstrategie muss natürlich harmonischer Teil der Gesamt-Human Resources-Strategie sein: Wer versucht, außergewöhnliche Talente, die sich selbst motivieren können und flexibel mit den sich ändernden Determinanten ihrer Umwelt umgehen, in feste Raster von Jobtiteln, Organisationsstrukturen und Entlohnungspaketen zu pressen, wird schon bald den Recruitmentprozess von vorn beginnen müssen. Starkes Wachstum lässt viele Unternehmen auch in die Prioritätenfalle tappen: Human Resources-Ressourcen werden fast vollständig für das Recruitment neuer Talente gebunden, für die Bindung und Weiterentwicklung der existierenden Mitarbeiter bleiben kaum Zeit und Budget.

4. Personalentwicklung, quo vadis?

4.1 Aufbruchstimmung

Für Unternehmen sind der permanente Wandel in fast allen Bereichen wirtschaftlicher Tätigkeit und der Umgang mit ihm im Grunde ein alltägliches Phänomen und stellt eigentlich nichts Neues dar. Denn die Bedingungen der Umwelt verändern sich ständig, und das schon seit geraumer Zeit. Was aber seit kurzem neu hinzu kommt und die momentane Situation überaus erschwert, ist der Umstand, dass die enorme Steigerung von Komplexität und Dynamik ein vermehrtes Auftreten von Paradoxien zur Folge hat.

Paradoxien sind scheinbar widerspruchsvolle Aussagen oder Feststellungen im Sinne eines „Entweder-Oder", die aber trotzdem wahr sein können und bei genauerer Überlegung häufig sogar einen Sinn ergeben. Vergleichbar ist dies mit Hegel's Dialektik, bei der in ähnlicher Weise zwei Gegensätze einander gegenübergestellt werden – These und Antithese –, um hieraus schließlich eine Synthese im Sinne eines „Sowohl-Als-auch" zu entwickeln, die häufig nicht nur Kompromiss, sondern auch neue Lösung ist.

„Paradoxien-Management" ist ein Thema, das für Effizienz und Existenz von Unternehmen zunehmend bedeutsamer wird. Denn jeden Tag werden Sachverhalte komplexer, tauchen neue Widersprüche auf, entstehen neue Spannungsfelder. Die dynamische Gestaltung von Unternehmen wird momentan besonders durch den Umgang mit solchen Paradoxien bzw. der Handhabung von paradoxen Erfordernissen und Spannungsverhältnissen beeinflusst. Manager geraten immer mehr in die Lage, mit Paradoxien umzugehen, Spannungen auszugleichen, eine Synthese oder Integration widersprüchlicher Kräfte zu schaffen, Paradoxien zu managen.

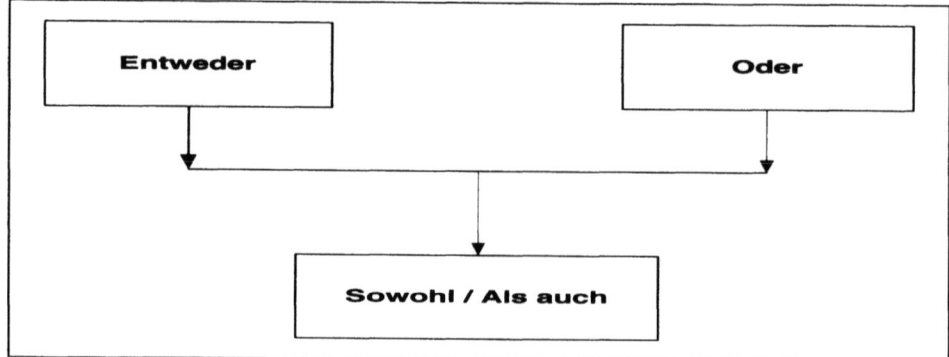

Abbildung 15: Paradoxie-Management

Beispiele solcher Paradoxien sind:

- Wettbewerb / Partnerschaft

- Differenzierung / Integration

- Dezentralisierung / Zentralisierung

- Vision / Realität

- Intuition / Analyse

- Individualität / Teamwork

- Änderung / Kontinuität

- Flexibilität / Stabilität

„Paradoxien-Management" ist ein Thema mit Zukunft. Es ist wegweisend für die Beantwortung der Frage, wie Unternehmen in den nächsten Jahren geführt werden müssen. Es konfrontiert mit ungewohnten Sichtweisen, mit gänzlich neuen Fragen, mit weitaus größeren Schwierigkeiten als bislang. Es erfordert ein neues Denken, neue Perspektiven, neue Konzepte und Instrumente. Erschwerend kommt hinzu, dass man zu Paradoxem in aller Regel auf Distanz geht, weil es verlangt, zwischen (scheinbar) untrennbaren und unlösbaren Gegensätzen zu agieren, Widersprüche auszuhalten, zwischen ihnen zu vermitteln.

4.2 Organisation und Wandel

Organisationen sind im Allgemeinen überaus wert- und strukturkonservativ. Keine Organisation verändert sich freiwillig. Insbesondere erfolgsgewohnte bzw. -verwöhnte Organisationen sind manchmal veränderungsunwillig, sitzen mit sich und der Welt zufrieden in der berüchtigten „Erfolgsfalle" und merken es nicht einmal. Die Erfolge der Vergangenheit haben sie träge und verkrustet, unflexibel und lernresistent werden lassen. Sie betreiben die alt bekannte „Vogel-Strauß-Politik", stecken den Kopf in den Sand, klammern sich an einmal erfolgreich gewesene Produkt-, Markt- und Technologiestrategien, halten sich stur an einmal getroffene Entscheidungen, weisen alles Neue als absurd und unseriös weit von sich. Je ausgeprägter dieses Phänomen der „Strukturbeharrung" bzw. anders formuliert der „Erfolgssklerose" ist, desto geringer ist die Flexibilität der Organisation, desto lebensgefährlicher ist der Selektionsprozess der Umwelt bzw. der gnadenlose Konkurrenzkampf, desto näher ist das Ende.

Viele Organisationen gründen nach wie vor auf den Erfolgsrezepten der heilen Wirtschaftswunderwelt vergangener Jahre mit ihren verlässlich hohen Wachstumsraten, stetigen Entwicklungen und sicheren Prognosen. Für viele verkörpert die „bürokratisch-hierarchische Organisationsform" noch immer die „heilige (Rang-)Ordnung". Geleitet von einem deterministischen Weltbild und einer „mechanistischen Machbarkeitsillusion" basiert diese auf der exzessiven Verwendung standardisierter und formalisierter Planungs-, Steuerungs- und Kontrollinstrumente und den damit einhergehenden Organisationsprinzipien und Managementphilosophien. Dies dokumentiert sich in stabilen und starren Strukturen, eng abgegrenzten Zuständigkeiten, Wissen- und Machtkonzentration auf höheren Ebenen, langwierigen Entscheidungswegen, überdimensionierten Verwaltungsapparaten, teurem Overhead, fest definierten Arbeitsplätzen und Tätigkeiten, mit Ab-teilungen, die sich ab-teilen, mit Vor-gesetzten, die allein das Sagen haben, mit Unter-gebenen, die ergeben geben und gehorchen; „divide et impera" (teile und herrsche) lautet das zugrunde liegende Prinzip. Und da das Heilige eben heilig ist, wird nicht hinterfragt, ob es nun das Richtige sei.

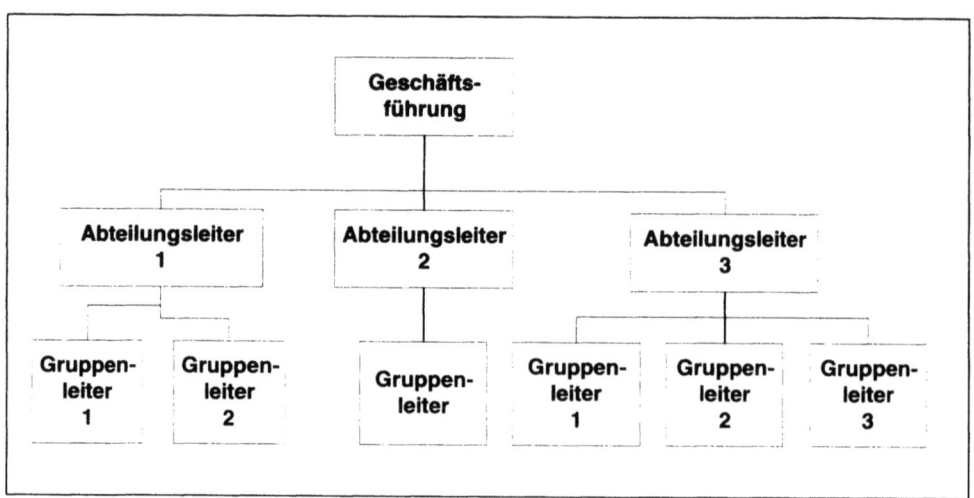

Abbildung 16: Die heilige Ordnung

Veränderungen werden „auf die leichte Schulter genommen". Man ist der festen Überzeugung, dass sie vorhersehbar und berechenbar sind: man extrapoliert einfach in die Zukunft. Für den (geplanten) Wandel sind die strategischen Planer, die Unternehmensentwickler oder die Fachleute der Betriebsorganisation zuständig. Wenn eine Reorganisation ansteht, wird diese von oben geplant und angeordnet und nach unten hin durchgeführt bzw. -gesetzt. Dies bringt zwar eine Zeitlang Unruhe mit sich, Gerüchte und Spekulationen grassieren. Man duckt sich, zieht den Kopf ein und wartet, bis das Unwetter vorüber ist, immer in der Hoffnung, unbemerkt zu bleiben und die Gefahr unbeschadet zu überstehen: „Nur ja keinen Fehler machen" ... „am besten gar nichts tun" ... „auf keinen Fall irgendein Risiko eingehen", lautet die Devise.

Dieser „Totstellreflex" (Doppler und Lauterburg 1996), eine uralte Form menschlichen Verhaltens, ist typisch für tiefgestaffelte Organisationen mit vielen Hierarchieebenen und strenger Funktionsorientierung. In Zeiten der Stabilität und Kontinuität, der Einfachheit und Sicherheit, des ständigen Fortschritts und durchgehenden „schneller – höher – weiter", des „mehr desselben" und des „weiter so" konnte Veränderung so noch gelingen. Aber angesichts der erhöhten Komplexitäts- und Flexibilitätsanforderungen der „New Economy" paralysiert der „Totstellreflex" quasi weite Teile des Unternehmens und ist praktisch gleichbedeutend mit einem Todesurteil. „Das Zeitalter der Dinosaurier ist vorüber", bemerkt pointiert das Massachusetts Institute of Technology (MIT).

Unternehmen müssen sich heutzutage grundlegend ändern. Die entscheidende Frage lautet: Wie können sie den Herausforderungen eines sich wandelnden Umsystems im Rahmen der New Economy begegnen sowie durch ein pro- und (re)aktives Vorgehen ihr langfristiges Überleben und ihre fortlaufende Zielerreichung sichern? Die Antwort scheint einfach: Je turbulenter die Umweltänderungen sind, desto dynamischer und flexibler muss die Organisation werden. Ein differenziertes und integriertes Management des organisationalen Wandels beschäftigt sich dabei mit spezifischen Fragen der Unternehmensführung, der Organisationsform, des Personalmanagement, der Kommunikations- und Informationspolitik.

Unternehmen, die die Zeichen der „New-Economy-Zeit" bereits erkannt haben und den Veränderungsdruck „im Nacken" spüren, leiten erwartungsvoll Erneuerungsprozesse ein. Allerdings sind alle die Hoffnungsträger der 90er Jahre, also alle die eher vertikal ausgerichteten Reorganisationsversuche innerhalb einer Organisation wie beispielsweise „Business Reengineering", „Lean Management", „Total Quality Management", „Kontinuierlicher Verbesserungsprozess", „Prozesskostenrechnung", „Gemeinkostenwertanalyse", an die man sich vielleicht gerade gewöhnt hat, nun nicht mehr so ohne weiteres zu gebrauchen.

Derzeit hoch aktuell und modern sind vielmehr Formen zwischenbetrieblicher Zusammenarbeit bzw. Unternehmenskooperationen, die eher horizontal ausgerichtet sind und die Differenzierung von Organisation und Markt in den Betrachtungsfokus stellen. Hier sind neben Akquisitionen und Fusionen insbesondere (strategische) Netzwerke, (strategische) Allianzen oder joint ventures zu nennen. Bei letzteren handelt es sich um (mindestens) zwei rechtlich und (eingeschränkt) wirtschaftlich selbständige Unternehmen, die ihre Entscheidungsfreiheit freiwillig zur Verfolgung gemeinsamer Ziele in bestimmten Bereichen einschränken, um letztlich gemeinsam solche Vorteile zu realisieren, die allein nicht erreichbar wären. Damit unterscheiden sich Unternehmenskooperationen einerseits von Akquisitionen, für die der Verlust der wirtschaftlichen Selbständigkeit charakteristisch ist, und andererseits von Fusionen, bei denen zudem noch die rechtliche Selbständigkeit aufgegeben wird. Kooperationen erweisen sich mithin als Zwischenform zwischen den Extremen der vollständigen Wahrung der Selbständigkeit einerseits und der Aufgabe zumindest der wirtschaftlichen, mitunter auch der rechtlichen Selbständigkeit andererseits.

4.3 Personalarbeit als strategischer Partner

Netzwerkorganisationen – unabhängig davon, in welcher Form sie sich konkret darstellen – dienen letztlich dem einzigen Zweck, (Kern-)Kompetenzen entlang der Wertschöpfungskette zusammenzuführen, das heißt unternehmensintern und unternehmensübergreifend „Kompetenz-Center" zu bilden, die mit dem Ziel einer ganzheitlichen Problemlösung kooperieren.

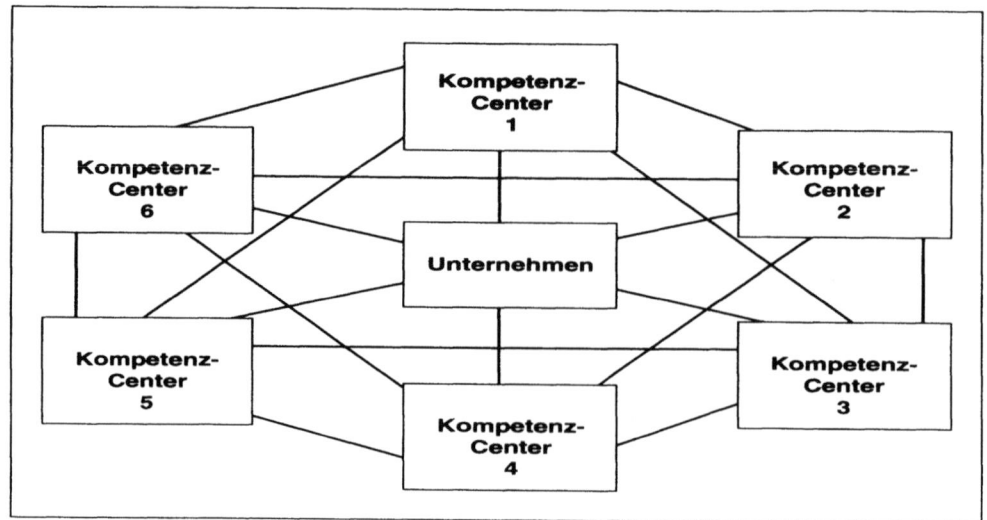

Abbildung 17: Net-Working

Aus dieser Entwicklung zum (temporären) „Net-Working" ergibt sich eine Reihe umfassender personal- und bildungspolitischer Implikationen:

- Flexibilisierung und Individualisierung der Beschäftigungsbeziehungen,

- geteilte Arbeitsmärkte bzw. Differenzierungen in den Belegschaftsstrukturen,

- Abschied von lebenslangen linearen Karrieren,

- differenzierte Laufbahnbetrachtungen und

- kürzere betriebliche Verweildauer.

Harte betriebswirtschaftliche Vorgaben relativieren dabei die Bedeutung der Humanressourcen als Potenzialfaktor. So bedingen insbesondere Flexibilitäts- und Kostenaspekte eine Differenzierung der Belegschaft in:

- „Kern-" bzw. „Stammbelegschaft",

- „Nicht-Kern-" bzw. „Randbelegschaft",

- Netzwerkpartner und

- befristet beschäftigte Freelancer bzw. Kurzzeitbeschäftigte.

Für Charles Handy wird die Beschäftigungsstruktur in Zukunft immer mehr wie ein dreiblättriges Kleeblatt aussehen: zum einen das Blatt der Stammbelegschaft, wozu das Management und die Mitarbeiter des „intellectual capital" gehören, sowie zum anderen zwei Gruppen von freien Mitarbeitern unterschiedlicher Qualifikation. Zu der einen Gruppe sind die hoch qualifizierten externen Spezialisten zu rechnen, die je nach Projekt hinzugezogen werden; die andere Gruppe umfasst die geringer qualifizierten freien Mitarbeiter, die für einfache Aufgaben je nach Bedarf eingesetzt werden.

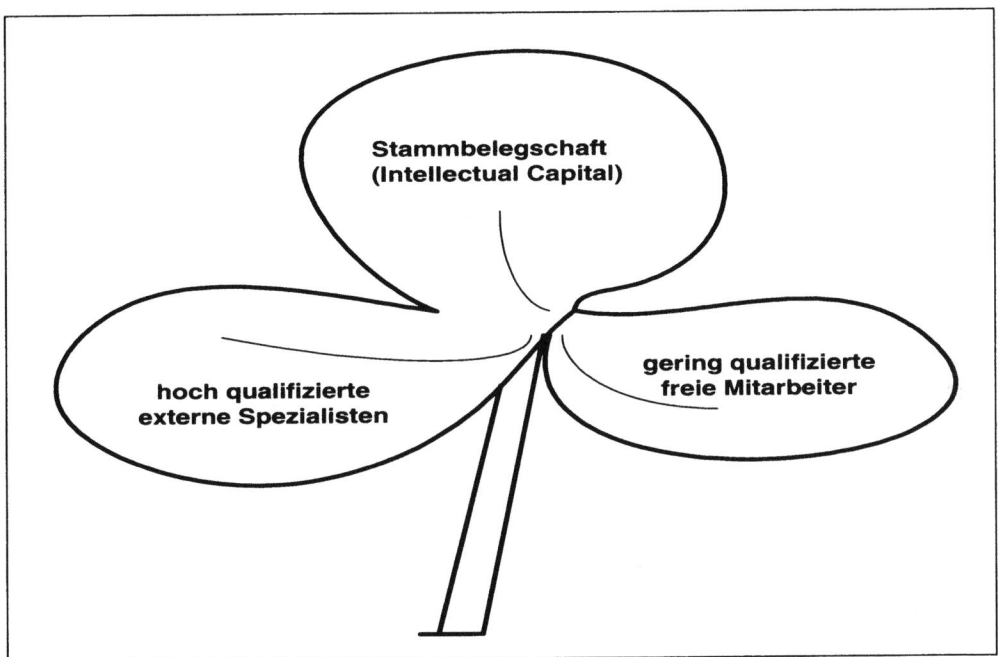

Abbildung 18: Das dreiblättrige Kleeblatt

Die meisten Unternehmen favorisieren eine Kernbelegschaft entlang der organisationalen Kernkompetenzen, wobei allerdings die Anzahl der „Wissensarbeiter" bzw. der „Knowledge Worker" durch Outsourcing deutlich schrumpfen wird. Die Zulieferung von hoch spezialisiertem Know-how sowie von Beratungsleistungen wird immer mehr zunehmen. Dagegen wird die Bedeutung eines diversifizierten Pools mehr-optionaler Freelancer und Kurzzeitbeschäftigter im Sinne eines „just in time employment" an der Peripherie der Unternehmen exponentiell zunehmen. Diese sind nicht mehr mit dem klassischen Typ des Arbeitnehmers vergleichbar, sondern entsprechen vielmehr dem Bild eines Auftragnehmers, der durch leistungsorientierte Kontrakte temporär „eingekauft" wird („Portfolio-Worker"). Dementsprechend ergibt sich eine Vielzahl verschiedenartiger Vertragsbeziehungen bzw. Auftragsarrangements.

Laufbahn im Sinne des amerikanischen Begriffs „career" wird für die meisten zu einem Set bzw. einer Sequenz von unterschiedlichen Erfahrungen in verschiedensten organisatorischen Umgebungen. Karriere wird zukünftig multipel sein und dem Bild einer „Mosaik-" oder „Zick-Zack-Karriere" ähneln, die mehr in die Breite als in die Höhe bzw. nach oben auf der Karriereleiter gehen wird und die zunehmend auch eine Balance zwischen „Time to work" und „Time to live" erlaubt.

Die dichotome Beschäftigungsstruktur bedingt eine nahezu konträre Art und Weise der Kompetenzentwicklung bzw. der Kompetenznutzung. Mitglieder der Randbelegschaft stehen auf eigenen Füßen, werden zu Unternehmern der eigenen Arbeitskraft. Sie sind selbst dafür verantwortlich, in die Entwicklung der eigenen Kompetenzen zu investieren, um die Wettbewerbsfähigkeit am Markt zu erhalten bzw. den eigenen Marktwert ständig zu verbessern. Self-Marketing wird hierbei zu einer wichtigen Kompetenz.

Bei den Mitgliedern der Kernbelegschaft dagegen stimmt das individuelle Wissenskapital mit den organisationalen Kernkompetenzen überein, sodass die Unternehmen bestrebt sind, diese „High Potentials" längerfristig zu binden. Personal- und qualifizierungspolitisches Ziel ist hier die Sicherung von Know-how, Loyalität und Lernfähigkeit, wofür in erster Linie die Unternehmen die Verantwortung übernehmen. Formelle Lernprozesse werden in der Regel von den Unternehmen ermöglicht und finanziert; für informelles Lernen wird eine Lernkultur zur Verfügung gestellt etwa in Form lernfördernder Arbeitsstrukturen, Möglichkeiten zum Erfahrungsaustausch oder übergreifender Benchmarking-Prozesse. Die Fachkompetenz wird ihre herausragende Stellung im Hinblick auf die Durchführung von Innovationen und die Gestaltung des Strukturwandels nach wie vor behalten. Individual-, Sozial- und Methodenkompetenzen werden vermehrt ausgebildet, sind aber nur in Verbindung mit einer breit angelegten Fachkompetenz von Bedeutung.

Der „traditionelle" Begriff der Personalentwicklung greift in dieser Situation zu kurz; denn er erfasst den Lern- und Entwicklungsprozess ausschließlich als fremdbestimmt und charakterisiert die von den Entwicklungsprozessen Betroffenen nur in ihrer Funktion als Rollenträger („Personal"). Neben der fremdgesteuerten Personalentwicklung gewinnt nun eine selbstgesteuerte Persönlichkeitsentwicklung immer mehr an Bedeutung. Damit liegt der Fokus des Lernens nicht mehr ausschließlich bei der Aufgabe, sondern auch beim Selbst bzw. der Persönlichkeit des Lernenden.

Eine moderne Personalentwicklung, die als strategischer Partner der Unternehmensentwicklung agiert, übernimmt nachstehende Aufgaben:

- Geschäfts- und strategiegeleitete Rekrutierungsprozesse

- Kompetenz-Assessments und Erstellen von Kompetenzprofilen

- Formalisierte Lernprozesse auf Grundlage der Kompetenzprofile

- Coaching und Mentoring im Arbeitsfeld

- Aufgabenbezogenes Training durch Rotation oder in Projekten

- Laufbahnberatung und Karriere-Review

- Outplacement-Beratung

- Unterstützung bei Existenzgründungen u.a.

Personalentwicklung wird zukünftig verstärkt auf externe Partner bzw. Dienstleister zurückgreifen, ein vollständiges Outsourcing wird aber wohl nur selten der Fall sein. Denn den meisten Unternehmen ist mittlerweile bewusst, dass Personalentwicklung gerade in Zeiten permanenter, tiefgreifender Veränderungen und der besonderen Bedeutung des „Intellectual Capital" eine Kernkompetenz ist, die nicht aufgegeben bzw. aus den Händen gegeben werden sollte.

Grosse Netzwerk-Organisationen gehen mittlerweile sogar so weit, Personalentwicklung möglichst vollständig in eigener Regie durchzuführen. So gründete beispielsweise Lufthansa 1998 unter dem Namen „Lufthansa School of Business" eine „Corporate University" als zentralen Teil einer umfassenden Philosophie von Lernen im Unternehmen. Ein weiteres aktuelles Beispiel ist die im Frühjahr 2000 eröffnete „Print Media Academy" der Heidelberger Druckmaschinen AG. Diese Corporate Universities sollen die Entwicklung von Leadership, Kultur und Kernkompetenzen fördern und gleichzeitig dazu beitragen,

- die Leistung des Einzelnen durch individuelle Kompetenzentwicklung,

- das persönliche Wachstum durch Reflexion und Bewusstheit und

- die Beschäftigungsfähigkeit durch breitbandige Lernformen

zu sichern bzw. zu unterstützen. Es wird ein Lernportfolio offeriert, aus dem man sich nach Bedarf „bedienen" bzw. ein individualisiertes Portfolio an Entwicklungswegen zusammenstellen kann. Dies gilt mitunter nicht nur für die Mitglieder der jeweiligen Organisation, sondern auch für deren Kunden und Lieferanten.

Personalentwicklung wird also immer mehr zum Partner einer strategiegeleiteten Unternehmensentwicklung. Dabei ist wesentlich, dass sie nicht nur eine strategieerfüllende, sondern zunehmend auch eine strategiegenerierende Funktion übernimmt. Verstärkt wird die Frage des Wertschöpfungsbeitrags der Personalentwicklung diskutiert, wie groß also der Beitrag bzw. der Einfluss der Personalentwicklung auf den Unternehmenserfolg ist. Personalentwicklung wird somit zu einem „Wertschöpfungs-Center".

Eine so konzipierte Personalentwicklung im Zeitalter der New Economy steht natürlich vor einer Reihe ungeklärter Fragen:

- Welche Kompetenzen sind für die Handhabung von immer weniger vorhersagbaren und zunehmend komplexer werdenden Veränderungsprozessen überhaupt notwendig?

- Wie kann ein „management of dualities", bei dem zwei gegensätzliche Tendenzen gleichzeitig verfolgt werden, ausbildungsstrategisch unterstützt werden?

- Wie können individuelle und kollektive Lernprozesse initiiert und gefördert werden?

- Inwieweit sollen Personalentwicklungsaufgaben und -verantwortungen in die Linie verlagert werden?

- Wie kann bei Mitarbeitern, die immer mehr eine „fluide" Unternehmensidentität entwickeln, Loyalität und Identifikation geschaffen und gefördert werden?

- Wie kann geführt werden, wenn die Mitarbeiter zeitlich, räumlich, sachlich sowohl von ihren Teamkollegen als auch von ihrem Vorgesetzten entfernt sind?

- Ist eine Führung per Internet oder E-mail machbar? (Mitunter wird bereits von VorgeNetzten statt VorgeSetzten gesprochen!)

- Wie kann auf Distanz – etwa per E-mail oder Videokonferenz – ein Gespräch sinnvoll „geführt" werden?

- Wie können alle die notwendigen Kompetenzen vermittelt werden, sprich welche Lernarrangements bzw. Lernmedien bieten sich an?

4.4 Kompetenzen-Management

Dem Begriff der Kompetenz wird gegenüber dem der Qualifikation hier der Vorzug gegeben (Hohn 1998):

- Kompetenz ist subjektbezogen, während sich der Qualifikationsbegriff auf die Erfüllung konkreter Anforderungen bezieht, ohne dass die Bedürfnisse und Fähigkeiten des Einzelnen berücksichtigt werden.

- Kompetenz hat einen ganzheitlichen Anspruch, während Qualifikation nur auf tätigkeitsbezogene Kenntnisse, Fähigkeiten und Fertigkeiten ausgerichtet ist.

- Kompetenz verweist auf die heute so dringend benötigte Eigeninitiative des Lernenden, während Qualifikation eher fremdgesteuert ist.

- Kompetenz umfasst die Vielfalt der unbegrenzten individuellen Handlungsdispositionen, während Qualifikation lediglich die Elemente der individuellen Handlungsfähigkeit erfasst, die allerdings zertifiziert werden können.

4.4.1 Veränderungs-Kompetenzen

Eine generelle – kontextunspezifische – Anforderung stellt sowohl für die „Wissensarbeiter" der Kernbelegschaften als auch für die „Freelancer" der Randbelegschaften der permanente Wandel dar. Während letztere in der Regel „lediglich" in der Lage sein müssen, mit Wandel umzugehen und ihn mit zu tragen, hat das Core-Personal darüber hinaus die Aufgabe bzw. die Verantwortung, Wandel aktiv zu initiieren und aktiv zu gestalten, um (über-)lebensnotwendige Transformationen des (Netzwerk-)Systems zu fördern und aktiv zu innovieren.

Bis Anfang der 90er Jahre wurde Wandel als „notwendiges Übel" empfunden, das ausschließlich re-aktiv bewältigt wurde: es wurden lediglich im Nachhinein Anpassungsmaßnahmen vorgenommen, ansonsten galten die Gesetze des „business as usual". Je turbulenter aber die Veränderungen wurden und je mehr Wandel als häufig auftretende Regelerscheinung selbstverständlich wurde, desto weniger reicht die konventionelle reaktive Form. Angesichts der Anforderungen derzeitiger Veränderungen versucht man, Wandel pro-aktiv anzugehen, d. h. schon frühzeitig, quasi im Vorhinein, Entwicklungen zu erahnen und sich umfassend darauf vorzubereiten.

Im Rahmen einer solchen pro-aktiven Gestaltung des organisatorischen Wandels werden zwei Ansätze unterschieden: ein revolutionärer und ein evolutionärer Ansatz. Der revolutionäre Ansatz setzt auf ein radikales Vorgehen innerhalb einer kurzen Zeitspanne. In einer ernsthaften und akuten Problemsituation, wie beispielsweise eine Liquiditätskrise, werden tiefgehende Eingriffe und umfassende Änderungen auch gegen Widerstand durchgesetzt. Gewissermaßen zu einem Synonym für radikale Veränderung ist das Konzept des „Business Reengineering" geworden. Hammer und Champy bezeichnen ihren Ansatz als einen völligen Neubeginn, als eine Radikalkur, bei dem die Manager „ihre alten Einstellungen zur Firmenorganisation und Unternehmensführung über Bord werfen und sich von den heute geltenden organisatorischen und operativen Grundsätzen und Abläufen verabschieden und einen ganz neuen Weg einschlagen müssen".

Im Gegensatz zu dieser Radikalität favorisiert der evolutionäre Ansatz ein langfristig angelegtes, langsames und kontinuierliches Vorgehen in kleinen (Lern-)Schritten, so wie es die Organisation am besten verkraften kann. Grundsätzliche Voraussetzung für ein solches kontinuierliches und behutsames Vorgehen ist, genügend Zeit für Veränderungen zu haben, also nicht unter unmittelbarem Problemdruck und Handlungszwang zu stehen. Entsprechend dem Konzept der Organisationsentwicklung werden „die Betroffenen zu Beteiligten", das heißt, die Organisationsmitglieder werden intensiv in den Entwicklungsprozess eingebunden; sie lernen, mit Veränderung umzugehen und tragen so zu einer fortschreitenden Verbesserung des Problemlösungspotenzials der Organisation bei.

Sowohl der revolutionäre als auch der evolutionäre Ansatz haben ihre spezifischen Stärken und Schwächen. Eine grundsätzliche Schwäche besteht in der so genannte „Realitätslücke", d. h. die Verhaltensänderung der Organisationsmitglieder und die Organisationsänderung passen nicht zusammen, sind nicht ausreichend aufeinander abgestimmt. So „krankt" der revolutionären Ansatz häufig daran, dass die organisatorische Veränderung auf der sachlichen Ebene zu schnell, zu umfassend oder zu radikal verläuft, und die auf der psychologischen Ebene stattfindenden individuellen und kollektiven Lernprozesse nicht mit dem strukturellen Wandel Schritt halten. Die Organisationsmitglieder haben beispielsweise zu wenig Zeit, sich mit den neuen Werten und Normen anzufreunden und zu identifizieren und ihr Verhalten daran auszurichten; oder sie können die umfassenden Veränderungen nicht so ohne weiteres nachvollziehen, verlieren den Überblick, wissen nicht mehr, was los ist, sind demotiviert. Beim evolutionären Ansatz dagegen besteht die Gefahr, dass die kleinen, schrittweisen Veränderungen als „Herumdoktern" ohne klare Zielrichtung empfunden werden, was sich bald in einer nachlassenden Veränderungsbereitschaft und dem Aufkommen von Widerständen „entladen" kann.

Es geht also bei Veränderungen nicht allein um die strukturelle Neugestaltung der Organisation, sondern mindestens ebenso um den „mentalen Wandel in den Köpfen der Betroffenen". Die Sachebene muss stets mit der psychologischen Ebene in Einklang stehen, beide müssen aufeinander abgestimmt sein und miteinander harmonieren. Dementsprechend bietet insbesondere eine integrative Vorgehensweise die Chance zur erfolgreichen Veränderung.

Einige wichtige Kompetenzen, die im Sinne eines solchen integrativen Ansatzes bei dem Management aktueller Veränderungen zentrale Erfolgsfaktoren darstellen, werden anschließend vorgestellt und diskutiert. Dass ein Teil der Kompetenzen natürlich auch für andere Themenfelder nutzbar ist, versteht sich von selbst.

Veränderung beginnt oben

Viele Unternehmen treffen Entscheidungen eher nach Maßgabe eigener Regeln als entsprechend den Anforderungen der Umwelt. Aber nicht „die" Marktbedingungen an sich „fordern" und „initiieren" Veränderung, sondern betriebliche Entscheidungsträger müssen zu der Erkenntnis gelangen, dass Veränderung notwendig ist, will man weiterhin am Markt bestehen. Die Umweltanforderungen haben hierbei lediglich „Aufforderungscharakter", der von durchsetzungsmächtigen Akteuren erst mal als Problem erkannt und definiert werden muss, um dann im nächsten Schritt für das Unternehmen verbindlich zu werden. Veränderungen müssen also von den „Entscheidern" erst wahrgenommen und in ihrer Bedeutung richtig interpretiert werden. Geschieht dies nicht, werden also neue Anforderungen nicht rechtzeitig erkannt und/oder falsch interpretiert, werden „Entwicklungen verschlafen", was in der Regel gravierende Folgen hat.

Dies kann relativ leicht passieren, wenn man bedenkt, dass Wahrnehmungen, daraus folgende Interpretationen und wieder daraus folgende Entscheidungen vor dem Hintergrund eines ausdifferenzierten Produktions- und Sozialsystems stattfinden. Diese betriebsspezifischen Strukturen und Kulturen, die im Allgemeinen über viele Jahre stabil sind und erfolgreich sind, „trüben den Blick" oder, anders gesagt, definieren im wesentlichen den „Korridor" bzw. den „Filter", innerhalb dessen (Veränderungs-) Sachverhalte betrieblich überhaupt zur Kenntnis genommen, als Problem erkannt und verbindlich thematisiert werden, innerhalb dessen Entscheidungen überhaupt durch- und umsetzungsfähig sind. Daher kann die Tatsache nicht überraschen, dass Entscheidungen häufig erprobten Mustern folgen, die sich über lange Jahre bewährt haben – oder bewährt zu haben scheinen. Entscheidungen werden somit vor dem Hintergrund „begrenzter Rationalität" getroffen und richten sich eher nach Kriterien der Handlungsrationalität als nach Kriterien der Sachrationalität.

Mikropolitisch ist also die Aufforderung zur Veränderung ein schwieriges und gleichzeitig heikles Unterfangen. Denn sie ist in vielen Fällen mit Prozessen verbunden, die äußerst konfliktär sein können; denn nicht nur die „betriebliche Sozialverfassung" an sich, sondern auch die unternehmensindividuell geltenden Denk- und Verhaltensmuster, Werte und Normen, also alle die organisationskulturellen Orientierungsmuster werden grundsätzlich in Frage gestellt. In diesem Sinne haben Organisationskulturen und die darin eingelagerten Zuschreibungen einen „potenziell blockierenden Charakter", was häufig dazu führt, dass „neue" *Handlungs*muster auf der Basis „alter" *Deutungs*muster etabliert werden. Die durchsetzungsmächtigen betrieblichen Akteure aber, die „Wissensarbeiter" bzw. das „intellectual capital" also, bei denen in aller Regel die Veränderung beginnt bzw. von denen sie ausgeht, müssen zwar einerseits die mikropolitischen Strukturen und Konstellationen beachten, dürfen sich andererseits davon aber nicht in ihrer grundsätzlichen Entscheidung für Veränderung beeinflussen lassen. Dies erfordert von den „Entscheidern" eine besondere Kompetenz der Form, dass sie sowohl die Entscheidung für die betriebliche Veränderung treffen und tragen als auch die Übrigen von der Veränderungsnotwendigkeit überzeugen und ein Veränderungsbedürfnis erzeugen.

Veränderung beginnt im Kopf

Heutzutage werden in vielen Unternehmen herkömmliche Denk- und Verhaltensmuster, die mitunter schon seit Adam Smith und Frederick Taylor Gültigkeit haben, nicht hinterfragt. Die Hartnäckigkeit, mit der sich antiquiertes tayloristisches Gedankengut vielerorts immer noch behauptet, dokumentiert die Kurzsichtigkeit, Schwerfälligkeit und Selbstherrlichkeit so mancher Entscheider.

Radikale Neugestaltung kann aber nicht mit herkömmlichen Denk- und Verhaltensmustern gelingen. Diese werden zum retardierenden, hemmenden, ja blockierenden Element im Wettbewerb um die Zukunft. Ein „Quantensprung" ist unbedingt notwendig, nicht zu verstehen als deutliche quantitative Steigerung, so wie es der Alltagssprachgebrauch vorgibt und wie es auch die Väter des Business Reengineering, Hammer und Champy, propagieren. Quantensprung, so wie er hier gefordert wird, geht weit darüber hinaus: er ist, im eigentlichen Wortsinn, als ein „Wechsel der Qualität" zu verstehen, so wie ihn auch die Wissenschaft als den Übergang eines (mikrophysikalischen) Systems aus einem Systemzustand in einen anderen begreift.

Es muss eine „Veränderungs-Kultur" geschaffen werden: eine Kultur, in der ein Bewusstsein für die Notwendigkeit für Veränderung vorhanden ist, in der der unbedingte Wille zur Veränderung besteht, in der Veränderung nicht mehr als Bedrohung, sondern als (überlebens-)wichtige Chance verstanden wird, in der von Zielen gesprochen wird, die die Mühen und Risiken des Weges lohnen, in der bei allen Beteiligten die Bereitschaft besteht und die Fähigkeiten ausgebildet sind, Veränderungen anzupacken und mit ihnen umzugehen. Dies kann kaum mehr dann gelingen, wenn das Unternehmen bereits in der Krise (fest-)steckt und der Veränderungsdruck hoch ist. In diesem Fall kann nur noch hektisch reagiert, aber nicht mehr überlegt agiert werden. Es herrscht eine Rhetorik von Bedrohung und Angst, mit der man keinen Aufbruch, geschweige denn den befreienden Durchbruch schaffen kann.

Wesentlich ist daher, dass der Umgang mit Veränderungen frühzeitig und in aller Ruhe eingeübt werden kann und so selbstverständlich und alltäglich wird. Im Sinne eines solchen pro-aktiven Verhaltens empfiehlt es sich, in „sicheren Zeiten" gruppeninterne und -übergreifende Workshops und Seminare zum Veränderungsmanagement durchzuführen, aus denen sich Veränderungsprojekte in der konkreten Arbeitssituation als Übungsfälle ergeben. Eine weitere vielversprechende Möglichkeit ist die Arbeit mit und in Qualitätszirkeln. Diese werden als Sekundär- oder Parallelorganisation neben der Primärorganisation eingerichtet, um sowohl ungestört als auch selbst wenig störend Veränderung erfahren, erleben und erproben sowie Veränderungspotenziale in einem veränderungsförderlichen arbeitsnahen Schonraum entwickeln zu können (Strasmann 1995).

Strategisches Denken

Ein weiterer Erfolgsfaktor ist eine geeignete Strategie. Der Strategiebegriff stammt ursprünglich aus dem militärischen Sprachgebrauch und bezeichnete die „Kunst der Heerführung", die „Feldherrenkunst" bzw. die „Kampfplanung". Im Wirtschaftsbereich befasst sich die Strategie primär mit der Festlegung der langfristigen Ziele, der Politiken und Richtlinien sowie der Mittel und Wege zur Erreichung der Ziele. Der strategische Aspekt umfasst somit den generellen Bezugsrahmen unternehmerischen Handelns mit dem letztendlichen Zweck, Umwelt- und Unternehmensrisiken mittel- bis langfristig beherrschen zu können.

Das Problem im Zeitalter der Veränderungen ist aber, dass die meisten Unternehmen bzw. deren Entscheider eine Strategie nach wie vor wie eine rationale, lineare, deterministische Technik handhaben, die sie versuchen, einem Prozess überzustülpen, der seinerseits zufallsbedingt ist und voller Überraschungen steckt. Dass dies nicht funktionieren kann, ist klar: denn jede noch so rational geplante und genau durchdachte Strategie kann durch die „launische Realität" jederzeit zunichte gemacht werden. Dementsprechend müssen strategische Planungen grundsätzlich unvorhersehbare Entwicklungen, Waterman (1998) bezeichnet sie als „stochastische Schocks", einkalkulieren.

Moderne Strategien dürfen somit nicht detailliert und auf jede Detailsituation hin festgelegt sein, sondern müssen flexibel sein und der stochastischen Natur der Entwicklungen Rechnung tragen; sie müssen breit angelegt, richtungweisend und anpassungsfähig sein und insgesamt eine unternehmerische Richtung vorgeben, nicht ein festgefügtes Plansystem. Eine solche Strategie lässt sich gut mit dem mühseligen Flug einer Ente im Sturm über einen Strand vergleichen, wie ihn Simon, Nobelpreisträger für Wirtschaft, beschreibt: „Abbiegen nach rechts, um den Flug über eine steile Düne zu erleichtern, Umfliegen eines Steins, kleine Ruhepause, die zur Plauderei mit einem Artgenossen genutzt wird. So legt die Ente schlingernd und schwankend ihren Heimweg zurück. ... Ihre Flugbahn ist eine Folge unregelmäßiger, abgewinkelter Teilstrecken – nicht ganz vom Zufall bestimmt, denn irgendein Sinn von Richtung auf ein bestimmtes Ziel hin liegt ihrem Flug zugrunde. ... Als geometrische Figur gesehen, ist die Flugbahn der Ente unregelmäßig, komplex, schwer zu beschreiben. Aber ihre Kompliziertheit ist durch die Strandoberfläche bedingt, nicht durch die Ente" (Simon 1984).

Zudem gilt auch hier der Grundsatz, dass die beste Strategie immer die ist, an deren Formulierung man selber mitgearbeitet hat. Insbesondere in der heutigen Zeit „begrenzter Rationalität" dürfen Strategien nicht mehr allein die Angelegenheit der strategischen Planer sein, sondern müssen stets zusammen mit den Betroffenen, d. h. denjenigen, die sie anwenden und umsetzen sollen, entwickelt werden. Mit dem Trend zur dezentraleren Verantwortung ist somit die Aufforderung verbunden, sich gemeinsam um die Strategieformulierung zu bemühen.

Vernetztes Denken

Lange Zeit funktionierte die Wirtschaft wie ein Uhrwerk: markante Merkmale waren Wiederholung, Vorhersagbarkeit, Stabilität und Zuverlässigkeit. Dementsprechend ähnelten die meisten Unternehmen großen, unbeweglichen Palästen mit imposanten Strukturen, klaren Formen und geregelten Abläufen. Diese lineare Welt mit ihren eindeutigen Ursache-Wirkung-Zusammenhängen vermittelte Sicherheit und Geborgenheit, konnte mit analytischen Denkmustern verstanden und mit routinierten Handlungsmustern bewältigt werden. Manager sorgten für Ordnung, schafften Sicherheit, boten Orientierung, schienen die Geschicke tatsächlich im Griff zu haben und zu lenken.

Nunmehr aber haben sich die Zeiten geändert. Die Welt und insbesondere die Wirtschaft sind größtenteils nichtlinear und labil und damit überaus komplex geworden. Angesichts einer unüberschaubaren Vielzahl von Vernetzungen und Wirkungszusammenhängen ist ein Verstehen der ablaufenden Prozesse kaum mehr möglich. Verschiedenste Einflussgrößen, die eng miteinander verknüpft sind, wirken dynamisch aufeinander ein, verändern laufend ihr Gesicht und sind in ihrer Wirkung kaum mehr vorhersehbar. Wechsel-, Neben- und Rückwirkungen konterkarieren immer wieder getroffene Entscheidungen. Schon kleinere Änderungen führen zu spektakulären Konsequenzen: Was eben noch richtig war, erweist sich im nächsten Moment schon als falsch. Häufige Erwähnung findet in diesem Zusammenhang der so genannte „Schmetterlingseffekt": Ein Schmetterling bewegt seine Flügel über dem Regenwald des Amazonasgebietes und setzt dadurch Kettenreaktionen in Gang, die zu einem Sturm über Chicago führen.

Dieses Phänomen der Nichtvorhersagbarkeit beschreiben Probst und Scheuss (1984) für Unternehmen: „All das Wissen, das von einem Organisationsstandpunkt aus notwendig wäre, um ein produktives, soziales System vollkommen zu gestalten und unter Kontrolle zu halten, ist zu einem bestimmten Entscheidungszeitpunkt weder vorhanden noch wäre es durch unsere geistige Kapazität zu bewältigen". Daniel Goeudevert, häufig als „Querdenker" der Automobilindustrie bezeichnet, propagiert daher ein neue Art und Weise unternehmerischen Denkens: „Es reicht nicht mehr, mit linearem Denken Wettbewerbsfähigkeit nach alten Mustern und Wirtschaftswachstum zu forcieren. ... Wir brauchen daher eine neue Definition der Wettbewerbsfähigkeit, in die Daten und Informationen einfließen, die bislang ausgeklammert waren. Um das zu leisten, brauchen wir ein ganz neues Denken für die Manager der Unternehmen: das kreative, vernetzte Chancendenken, das Evolutionen zulässt und initiiert."

Notwendig ist ein Denken „vom Ganzen her" bzw. ein ganzheitlich vernetztes Denken und Handeln. Gemeint ist damit ein integrierendes, zusammenfügendes Denken, das auf einem breiteren Horizont beruht, von größeren Zusammenhängen ausgeht und viele Einflussfaktoren berücksichtigt; ein Denken und Handeln also, das weniger einschränkt bzw. beschränkt, isoliert und zergliedert, sondern mehr generalistisch ist, Verbindungen schafft, Zusammenhänge aufzeigt und viele Dinge zu einem Gesamtbild zusammenfügt.

Organisatorisches Denken wandelt sich zu einem Denken in sich permanent ändernden Prozessketten. Es gilt, ähnlich wie etwa im Judo, die vorhandenen Kräfte zu erkennen, zu nutzen und sie zum eigenen Vorteil umzulenken, anstatt sie zu zerstören. Überleben ist nur dann möglich, wenn man mit der Energie geht und nicht gegen sie arbeitet, sie durch kluge Anpassungs- und Entwicklungsstrategien erfolgreich gestaltet.

Vernetztes Denken erfordert,

- die Problemsituation aus Sicht der unterschiedlichen Anspruchsgruppen und unter Berücksichtigung ihrer Ziele und Interessen anzugehen;

- die zentralen Faktoren unternehmerischen Erfolgs und ihre Bestimmungsgrößen zu bestimmen;

- die Vernetzung dieser Größen in Form von Kreisläufen zu ermitteln;

- die Einflussmöglichkeiten in diesem Netzwerk festzustellen und damit Ansatzpunkte für Problemlösungen zu finden;

- die potenzielle Wirksamkeit der Problemlösungen zu überprüfen und

- die Umsetzung der Problemlösungen über ein Frühwarnsystem zu überwachen.

Reflexionskompetenz

Permanente Reflexion ist eine wichtige Bedingung, um einen Veränderungsprozess erfolgreich zu gestalten. Man stürmt nicht im „blinden Aktionismus" nach vorn, sondern setzt sich im Sinne einer „rollenden Bestandsaufnahme" kritisch mit sich selbst, den eigenen Handlungen, mit dem gesamten Prozess auseinander. Man nimmt in der überprüfenden Reflexion quasi eine Metaperspektive zu dem gesamten Geschehen und zu sich selbst ein: „Man tritt gewissermaßen aus sich selbst heraus, um die Lage, in der man sich befindet, von außen zu betrachten" (Krainz 1995).

Aus dieser kritischen Distanz gewinnt jeder Einzelne und damit das Unternehmen insgesamt ein Bewusstsein über sich selbst, wo man steht, wie die Situation aussieht. Pragmatisch hat dies zur Konsequenz, dass unternehmensintern Prozesse initiiert und Strukturen geschaffen werden müssen, die animieren bzw. zwingen, darüber zu reflektieren, wie beispielsweise kommuniziert, entschieden, produziert wird, wie man mit Veränderung umgeht, wo man im Entwicklungsprozess steht, welche Identität man hat usw. Grundlegend ist eine beständige Abfolge von „Handeln, Beobachtung, Hypothesenbildung, Entscheiden, Handeln, Beobachtung" usw., wie die nachstehende „Feedbackschleife" veranschaulicht:

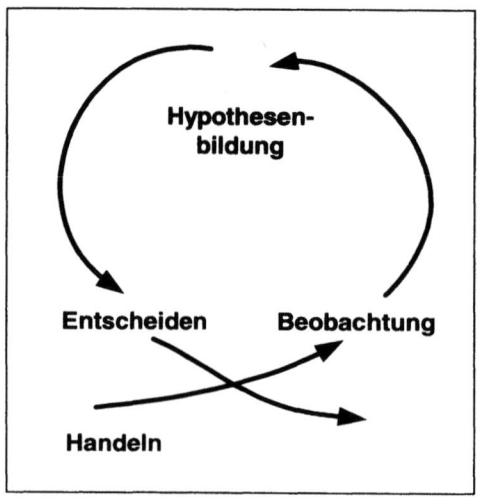

Abbildung 19: Feedbackschleife

Zusätzlich zur Eigenreflexion beobachtet man vergleichbare Systeme und prüft, welche Unterschiede bestehen bzw. welche Gemeinsamkeiten man hat, was andere besser machen, welche Ideen man übernehmen kann und wo man von anderen lernen kann. „Benchmarking" für Krainz (1995) ist diese Form organisierter Reflexion die „Schlüsselkategorie", um Veränderungsprozesse einzuleiten und erfolgreich zu gestalten.

Widerstände nutzen

Veränderungen werden von vielen Menschen als Bedrohung oder Gefahr empfunden: sie befürchten den Verlust von Positionen und Privilegien, Status und feingesponnenen Einflusssphären, liebgewonnenen Gewohnheiten und Regelmäßigkeiten, langjähriger Stabilität und Sicherheit; man weiß nicht, wo die Reise hingeht, man versteht nicht, was „gespielt" wird: Angst und Hilflosigkeit, Ablehnung und Widerstand sind die (psycho-) logischen Folgen.

Widerstände sind eine selbstverständliche und normale Begleiterscheinung von Veränderungen. Während rationalen Widerständen durch überzeugende und nachvoll-ziehbare Argumente entgegnet werden kann, sind emotionale Widerstände ungleich schwerer zu handhaben. Denn ihnen liegen keine sachlichen Überlegungen oder logische Argumente zugrunde; sie resultieren vielmehr aus diffusen Befürchtungen oder Ängsten, äußern sich in unbestimmten Gefühlen, sind rational nicht erklär- und lösbar. Diese emotionale Unsicherheit kann im Extremen so weit gehen, dass entweder Veränderung

104

einfach ignoriert und geleugnet wird: es wird eine trügerische Sicherheits- und Stabilitätsillusion aufgebaut, um psychisch überleben zu können (= Kontrollillusion); es findet kein Lernen und keine Entwicklung statt, man tritt auf der Stelle. Oder die bedrohliche Veränderung wirkt wie eine „Entfesselung", die scheinbar alles möglich sein lässt, frei nach dem Motto: „Nun erst recht" oder „Rette sich, wer kann". Jeder ist sich selbst der Nächste, nicht „fair-play" sondern „power-play" bestimmt die Auseinandersetzungen, jeder geht zügellos und rücksichtslos seinen Weg, ist nur auf der Suche nach dem eigenen Vorteil, kämpft seinen Kampf. Veränderung verkommt zum (brutalen) Egoismus.

Um dieser lähmenden Stagnation in dem einen bzw. der Explosion des Pulverfasses in dem anderen Fall zu entgehen, ist es wichtig, die „Natur" von Veränderung zu verstehen. Denn wenn man versteht, womit man es zu tun hat und wie es funktioniert, verliert man die Angst vor dem Unbekannten und kann adäquat (re-)agieren.

Veränderungen zeichnen sich durch Grundsätzlichkeiten aus (Doppler und Lauterburg 1996):

- Alles verändert sich: Veränderung ist die Regel, Stabilität die Ausnahme.

- Veränderungen können nicht aufgehalten oder verhindert werden; man kann sie bestenfalls verzögern – und das nur für kurze Zeit.

- Veränderungen sind das Ergebnis unterschiedlicher Kraftfelder bzw. unterschiedlicher Kräfte, die in verschiedenen Kombinationen und Stärken wirken. Wenn man diese Kräfte und ihr Zusammenwirken kennt, kann man das Geschehen beeinflussen.

- Veränderungen in sozialen Gefügen sind das Resultat divergierender Interessen und Bedürfnisse.

- Sinnvolle Einflussnahme setzt voraus, notwendige Entwicklungen rechtzeitig zu erkennen, konsequent zu fördern und sozial verträglich zu gestalten.

Für den Fortgang eines Veränderungsprojektes ist es von entscheidender Bedeutung, „... dass Widerstand – in welcher Form auch immer – rechtzeitig erkannt und richtig beantwortet wird" (Doppler und Lauterburg 1996). Egal wann und wo Widerstände auftreten, sie müssen sehr ernst genommen werden: denn sie weisen darauf hin, dass irgendetwas (noch) nicht in Ordnung ist. So gesehen stecken in Widerständen auch Chancen, nämlich manches nochmals zu überprüfen, Fehler rechtzeitig zu erkennen und zu beheben – bevor es vielleicht zu spät ist. Es müssen Denkpausen eingelegt, klärende Gespräche geführt und unter Umständen sogar Kurskorrekturen vorgenommen werden. Auch wenn man glaubt, keine Zeit zu haben, muss man sich die Zeit nehmen! Später hat man vielleicht nicht mehr die Zeit.

Vertrauen schaffen

Gerade in turbulenten Zeiten und bei weitreichenden Veränderungen hat das Thema „Vertrauen" besondere Aktualität. Ohne Vertrauen geht es nicht, ist keine Veränderung denkbar. „Ohne Vertrauen sind nur sehr einfache, auf der Stelle abzuwickelnde Formen menschlicher Kooperation möglich, und selbst individuelles Handeln ist viel zu störbar, als dass es ohne Vertrauen über den sicheren Augenblick hinaus geplant werden könnte. Vertrauen ist unentbehrlich, um das Handlungspotential eines sozialen Systems über diese elementaren Formen hinaus zu steigern" (Luhmann 1973).

Vertrauen ist die Erwartung, der Glaube, die Hoffnung, sich auf einen anderen bzw. auf andere verlassen zu können. Vertrauen beinhaltet immer einen Aspekt von Ungewissheit, Risiko und Enttäuschung. Vertrauen ist sowohl das Ergebnis rationalen Abwägens als auch unbewusster, oft lange zurückliegender Erfahrungen. Vertrauen ist somit stets auch ein „Vertrauensvorschuss" und erlaubt quasi „Handlungen auf Kredit". Vertrauen ist keine „Entweder-Oder-Haltung" im Sinne entweder volles Vertrauen oder gar kein Vertrauen. Es ist vielmehr gradueller Natur, d. h. man vertraut bis zu einem bestimmten Grad. Dabei kann ohne weiteres eine asymmetrische Verteilung des Vertrauens der Form bestehen, dass der eine dem anderen mehr vertraut als umgekehrt. Luhmann (1973) betont die besondere Bedeutung des Selbstvertrauens als vertrauensfördernde Bedingung, wenn er argumentiert, „dass Menschen vertrauensbereit sind, wenn sie über die innere Sicherheit verfügen, wenn ihnen eine Art Selbstsicherheit innewohnt, die sie befähigt, etwaigen Vertrauensenttäuschungen mit Fassung entgegen zu sehen".

Mitarbeiter müssen durch „vertrauensfördernde Maßnahmen" gewonnen werden. Denn ohne deren Akzeptanz und Engagement ist die exzellenteste Lösung bestenfalls nur die Hälfte wert. Vertrauen entsteht aber nicht von selbst oder durch Anordnung, sondern kann nur durch geduldige Überzeugungsarbeit gewonnen werden. Die Mitarbeiter – als die Betroffenen – müssen so früh wie möglich mit der Realität konfrontiert werden; sie müssen verstehen, wo das Unternehmen heute steht und wo es hin will; ihnen muss deutlich sein, welche Entwicklungen und (Negativ-)Konsequenzen zu erwarten sind. Es muss mit „offenen Karten" gespielt werden. Insbesondere in Bezug auf Veränderungen gilt: Mitarbeiter zu enttäuschen, ist manchmal unvermeidbar. Mitarbeiter zu täuschen, ist dagegen unverzeihbar.

Die allermeisten Veränderungen in der heutigen Zeit sind so hoch komplex und stellen derart extreme Anforderungen an alle Beteiligten, dass sie nur in Kooperation und Abstimmung mit anderen bewältigt werden können. Kein Unternehmen kann es sich leisten, durch Verunsicherung und mangelndem Vertrauen Potenziale verkümmern zu lassen oder sogar zu verlieren. In einer „Misstrauensorganisation" können Veränderungen wohl kaum bewältigt werden. Berth (1994) berichtet von Untersuchungsergebnissen, nach denen deutsche Unternehmen aufgrund ihrer Misstrauenskultur etwa

40 Prozent mehr von dem knappen und teuren Faktor „Sachkapital" einsetzen müssen, um nur annähernd die Produktivität amerikanischer Unternehmen zu erreichen.

Kommunikationskompetenz

„Wer nicht kommuniziert, verliert". Dieser altbekannte Grundsatz gilt insbesondere bei der Handhabung von Veränderung. Zielgerichtete Veränderung bedarf einer offenen Kommunikation, mittels derer die Mitarbeiter „ins Boot geholt" werden und dies gemeinsam durch den mitunter stürmischen Wellengang der Veränderung sicher fahren. Mitarbeiter wollen rechtzeitig und umfassend informiert werden: sie wollen wissen, was gespielt wird; sie wollen Ziele, Zusammenhänge, Hintergründe, Entscheidungen verstehen, um sich auf den neuen Kurs einstellen zu können. Auch wenn sie auf die Richtung der Fahrt bzw. der Entwicklungen kaum Einfluss ausüben können, sind sie trotzdem bereit, Verantwortung zu übernehmen, sich für die Zielerreichung einzusetzen.

Ausgehend von dem Grundwort „communio" (Gemeinschaft) bzw. dem Verb „communicare" (gemeinschaftlich tun, mitteilen) bedeutete Kommunikation ursprünglich „in Beziehung sein", „gemeinsam sein", „das Schaffen von Gemeinsamkeit, indem das eigene Wissen einem anderen mitgeteilt wird", sodass es gemeinsam wird. Damit Gemeinschaft und Gemeinsamkeit entstehen können, müssen sich die Menschen öffnen und offen, einfühlsam, verständnisvoll und ehrlich miteinander umgehen und kommunizieren. Wer so kommuniziert, geht auch Risiken ein: vor allem riskiert man, etwas von sich selbst, von seiner Persönlichkeit anderen mitzuteilen bzw. mit anderen zu teilen. Erst die Fähigkeit und die Bereitschaft des Teilens als Bedingungen des Mit-Teilens und Allgemein-Machens schaffen Gemeinsames und Gemeinsamkeit und sind in dieser Form Grundlage offener Kommunikation (Strasmann 1995).

Die traditionelle „Baumstruktur" der Kommunikation (vgl. Abbildung 16), bei der ausschließlich in vertikaler (Dienstweg-)Richtung „rauf und runter" kommuniziert wird, was mitunter lange Wege vom Absender zum eigentlichen Adressaten bedeutet, passt nicht mehr. Sie muss ersetzt werden durch eine „Netzstruktur" mit vielen Knoten, zwischen denen ein ständiges „Hin und Her" stattfindet.

Bei einer solchen Multi-Knoten-Struktur bestehen viel mehr und viel schnellere Kommunikationswege, die Verbindungen zwischen den Mitarbeitern sind viel dichter, sodass häufig Direktverbindungen ohne große Verzögerungen geschaltet werden können. Jeder kann im Grunde mit jedem kommunizieren, mit dem er kommunizieren muss oder möchte, und produziert dabei ein dichtes Netz aus Informationen, Verständigungen und Gemeinsamkeiten. Im Idealfall denkt jeder immer wieder darüber nach, welche Informationen man wem schuldet und welche Informationen man von wem

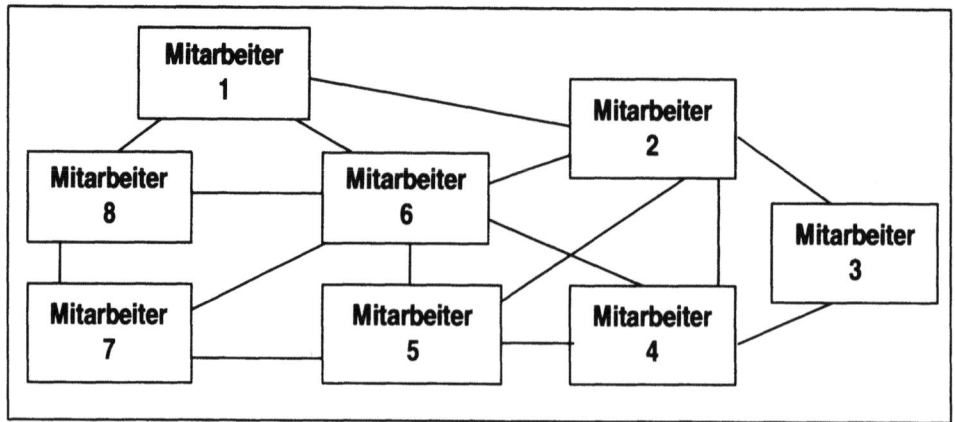

Abbildung 20: Multi-Knoten-Struktur

braucht. Eine solche Multi-Knotenstruktur kommt der spontanen Organisation von Kommunikation sehr nahe, sie transportiert nicht mehr nur Informationen, sondern ist nunmehr persönlich und unmittelbar, schafft Gemeinsames und Gemeinschaft.

Kommunikationstraining ist somit Beziehungstraining und Persönlichkeitsentwicklung. Die Techniken, die vermittelt werden, sind lediglich Krücken, die man nur so lange braucht, bis das, was in der und durch die Kommunikation auf positive Weise wirkt, selbstverständlicher Bestandteil der Persönlichkeit geworden ist: „Nicht die Techniken, sondern die Kraft der Persönlichkeit ist der eigentliche Erfolgsfaktor zwischenmenschlicher Kommunikation" (Krähe und Koeppe 1995). Offene Kommunikation untereinander bzw. besser miteinander ist Ausdruck persönlicher Wertschätzung, bedeutet Beziehungspflege, schafft Vertrauen: „Vertrauen heißt, einem anderen Informationen in die Hand zu geben, mit denen er mich ‚in die Pfanne hauen' könnte, wenn er wollte" (Comelli und von Rosenstiel 1995).

Selbstverantwortung übernehmen

In erfolgreichen Zeiten wird Verantwortung als Lust empfunden, in schlechten Zeiten dagegen als Last, die lästig ist und von der man sich nach Möglichkeit frei machen will. Allzu häufig geben sich Mitarbeiter bereitwillig in die Abhängigkeit von ihren Vorgesetzten und fordern Entscheidungen und Lösungen für solche Probleme, für die sie eigentlich selbst verantwortlich sind. „Selbst verschuldete Unmündigkeit" könnte man dieses Phänomen nennen. Kurzfristig ist erst mal wieder alles im Lot: der Mitarbeiter hat seine Ruhe und Beschaulichkeit wiedergefunden und der Vorgesetzte kann sich seiner Qualitäten als Problemlöser rühmen.

Aber die Zeiten sind vorbei, in denen Führungskräfte Wandel zur „Chefsache" machen und notwendige Maßnahmen von oben rezeptartig verordnen konnten. Wandel geht heute jeden an, ist zur „Gemeinsache" geworden, seine Bewältigung Verpflichtung für alle. Ohne die tatkräftige Unterstützung aller lässt sich Wandel nicht bewältigen. Jeder muss bereit sein, sich zu äußern und seine Meinung einzubringen, Verantwortung für die Erledigung der neuen Aufgaben und die Lösung der eigenen Probleme zu übernehmen.

„Da man vom Menschen nur dann Selbständigkeit, Verantwortungsbewusstsein, Initiative und Kreativität erwarten kann, wenn er gewöhnt ist, dies in seinem täglichen Leben auch zu erfahren, ist es notwendig, die Bedingungen des Handelns entsprechend zu gestalten. Hier hilft es wenig, an den einzelnen zu appellieren oder Motivationsdefizite zu beklagen, wenn sich an den Strukturen nichts ändert" (Wächter 1992). Dieses Erfordernis post-tayloristischer Restrukturierung von Unternehmens- und Arbeitsorganisation wird schlagwortartig als „empowerment" bezeichnet: Die Mitarbeiter (der verschiedenen Ebenen) werden quasi zu unternehmerischem Verhalten und Handeln „ermächtigt", erhalten Vollmachten, übernehmen Verantwortung.

Dies erfordert von den Führungskräften ein Denken, nach Möglichkeit die Befähigung des Mitarbeiters konsequent zu fördern und ihn zur Verantwortung zu erziehen. Es hilft dem Mitarbeiter bestenfalls nur kurzfristig, dem Unternehmen und der Führungskraft selber überhaupt nicht – eher schadet es auf etwas längere Sicht –, den Mitarbeiter aus der Verantwortung zu entlassen. Die Führungskraft ist in diesem „Sanitäter-Modell" (Sprenger 1997) nicht Retter sondern (Sani-)Täter, der Mitarbeiter das Opfer. Die Epidemie der „organisierten Unverantwortlichkeit" weitet sich aus. Gerade das Gegenteil ist das einzig Richtige, um Verantwortungsfähigkeit und -bereitschaft zu fördern: Den Mitarbeiter in der Verantwortung lassen! Nichts entscheiden, was der Mitarbeiter auch selbst entscheiden kann! Die Führungskraft stellt sich „lediglich" als Gesprächspartner zur Verfügung und stellt insbesondere Fragen, die den Mitarbeiter zu selbständigen Suchprozessen anregen:

- Welche Alternativen können Sie sich vorstellen?

- Welche Informationen brauchen Sie?

- Welche Hilfe kann ich Ihnen geben?

Durch die Gewährung unternehmerischer Freiräume und die Übertragung dispositiver Planungs-, Organisations-, Koordinations- und Kontrollaufgaben wird mehr Verantwortung „nach unten" verlagert, um so bislang ungenutzte Potenziale des „Humankapitals" stärker zu aktivieren. Der Mit-Arbeiter wird zum Mit-Unternehmer, der überaus selbständig und verantwortungsbewusst handelt. Das Management gibt dabei – notgedrungen – Steuerungs- und Kontrollmöglichkeiten auf und muss sich stattdessen auf die konsensuelle und zweckdienliche Gestaltung der Handlungsfreiräume verlassen.

4.4.2 Lernkompetenz: Das Modell der Kompetenz-Center

Unternehmen müssen sich angesichts der gegenwärtigen internen und externen Veränderungen, die in Zukunft sicherlich noch komplexer, noch turbulenter, noch unvorhersehbarer, noch unberechenbarer und damit noch anforderungs- und risikoreicher werden, intensiv um die Generierung flexibler und innovativer organisationaler Strukturen und Prozesse bemühen, will man entstehende Risiken abwehren, sich bietende Chancen nutzen und so entscheidende Wettbewerbsvorteile realisieren. Dies kann nur denjenigen gelingen, die Veränderung als Dauerthema und Normalfall akzeptieren, die Wandel nicht als spezielles, sondern als generelles Problem verstehen, die den Umgang mit Wandel und dessen Anforderungen als permanenten Lernprozess der Organisation insgesamt und der Organisationsmitglieder handhaben, die für die Gestaltung organisationaler Veränderungen nicht (allein) interne oder externe Experten, sondern die Kompetenz und das Wissen aller Organisationsmitglieder nutzen, die „Wissens-" bzw. „Knowledge-Management" zu einem zentralen Gedanken erfolgreicher Unternehmensführung machen.

Hierfür bietet das Konzept unternehmensspezifischer oder unternehmensübergreifender „(Kern-)Kompetenz-Center", in denen individuelles und organisationales Lernen stattfindet, einen hervorragenden Kontext. Organisationales Lernen lässt sich als die Fähigkeit einer Organisation interpretieren, aus dem eigenen Handeln bzw. dem der Organisationsmitglieder zu lernen, etwa Dysfunktionalitäten zu erkennen und zu korrigieren und so eine organisationale Wissensbasis zu entwickeln, die von allen Organisationsmitgliedern geteilt wird und aus der heraus neue Problemlösungs- und Handlungskompetenzen entstehen. Organisationales Lernen manifestiert sich in der Art und Weise, wie die Wissensbasis einer Organisation nutzbar gemacht, verändert und fortentwickelt wird. Es geht also darum, in Organisationen gemeinsam neues Wissen und Können zu generieren, das permanent in die ablaufenden Prozesse eingebracht wird mit dem Ziel, die organisationale Handlungsfähigkeiten zu verbessern.

Lernen *von* Organisationen ist stets ein Lernen *in* Organisationen, d. h. organisationales Lernen geschieht letztlich durch die Individuen, die quasi stellvertretend für die Organisation lernen und in unterschiedlichem Maße und an unterschiedlichen Stellen im System Lernprozesse initiieren und forcieren. Diese Lernprozesse basieren auf der intersubjektiven Verarbeitung von Erfahrungen, Einsichten und kausalen Zusammenhängen zwischen vergangenem Handeln, der wahrgenommenen Effektivität dieses Handelns sowie den Konsequenzen, die von der Organisation bzw. ihren Mitgliedern daraus für zukünftiges Handeln gezogen werden.

Organisationen lernen, indem sie das Wissen ihrer Mitarbeiter in „Speichersystemen", wie etwa Leitlinien, Unternehmens- und Führungsgrundsätzen, Arbeitsplatzbeschreibungen, Arbeitsanweisungen u.Ä. sammeln. Diese Speichersysteme, deren Inhalte unabhängig von den einzelnen Mitarbeitern sind und die ständig modifiziert werden, beinhalten das so genannte „organisatorische Wissen" bzw. bilden die „organisatorische Wissensbasis". Wird organisationales Lernen konsequent gehandhabt, finden also permanent Lernzyklen oder Lernschleifen statt, wodurch Wissen generiert, gesammelt und vermittelt sowie das Verhalten auf Grundlage der gewonnenen Einsichten verändert wird, führt dies auf institutioneller Ebene letztlich zu einer „lernenden Organisation". Probst (1989) erläutert: „Auch Institutionen lernen oder lernen gerade nicht. Und dieses Lernen ist etwas anderes als die Summe ihrer Teile. Dabei geht es keineswegs darum, dass Institutionen mehr gelernt haben, mehr Wissen speichern können usw. Institutionen wissen oft auch weniger als die individuell Beteiligten. Manchmal scheint es, als ob Institutionen das nicht lernen, was jedes Mitglied weiß." Und andererseits wissen Organisationen häufig nicht, was sie alles wissen.

Organisationen lernen nicht nur „innengerichtet" aus den eigenen Erfahrungen bzw. denen ihrer Mitarbeiter, sondern ebenso „außengerichtet" aus der Zusammenarbeit mit Beratern, durch Einstellung von Freelancern und Teilzeitbeschäftigten oder aus den Erfahrungen anderer Unternehmen. „Benchmarking" ist in dieser Hinsicht eine besonders sinnvolle Form des Lernens, bei der die eigenen Ziele und das eigene Leistungsvermögen laufend mit der Konkurrenz verglichen werden. Allerdings lassen sich deren Erfahrungen nicht unmittelbar 1 zu 1 auf die eigene Situation übertragen, sondern müssen vor dem Hintergrund der spezifischen organisatorischen Rahmenbedingungen reflektiert und interpretiert werden.

Des Weiteren finden Lernprozesse wechselseitig bzw. „interorganisational" in Form zwischenbetrieblicher Zusammenarbeit bzw. Unternehmenskooperationen statt. Sie basieren auf dem Prinzip der „losen Kopplung" bzw. lose gekoppelter Strukturen (Weick 1985), das Rationalität und Unbestimmtheit gleichzeitig möglich sein lässt, das Kontrollierbarkeit mit Freiraum verbindet. Transaktionen zwischen den rechtlich und wirtschaftlich weitestgehend selbständigen Partnern werden über gemeinsame Zielbildungs- und Abstimmungsprozesse koordiniert, Erfolgspotenziale durch flexible Kombination materieller und immaterieller Ressourcen bzw. Fähigkeiten flexibel geschaffen.

Was Organisationen lernen und wie gut bzw. schnell sie dies tun, wird im Wesentlichen bestimmt von den Lerninteressen ihrer Mitglieder und deren Bereitschaft, ihr Wissen und ihre Erfahrungen mitzuteilen bzw. mit anderen zu teilen. Intensität und Qualität organisationaler Lernprozesse müssen somit stets auch als Ergebnis von Aushandlungsprozessen betrachtet werden. Organisationsmitglieder geben ihr individuelles Wissen nur dann preis und stellen es allgemein zur Verfügung, wenn die Bedingungen der Organisation sie dazu „auffordern" und animieren bzw. die organisationalen Strukturen „lernfreundlich" und „belohnend" sind.

So ist es unbedingt erforderlich, dass die Ergebnisse individueller Lernprozesse der Organisation durch eine intensive hierarchie- und bereichsübergreifende Informations-

und Kommunikationspolitik zugänglich gemacht werden. Ohne funktionierende Interaktionsprozesse kann keine Verbreitung und Vernetzung von Wissen erfolgen. Im Dialog erfahren Organisationsmitglieder die Sichtweisen, Meinungen, Erfahrungen anderer und können diese mit ihrem eigenen Wissen abgleichen. Außerdem müssen lernende Organisationen extrem „kundensensibel" bzw. „hautnah am Kunden" sein: alle Personen und Institutionen, mit denen man in Kontakt steht, gleich, ob intern oder extern, sind Kunden, die wichtig sind und die man entsprechend behandelt, mit denen man einen permanenten Informations- und Kommunikationsprozess pflegt, um Bedürfnisse rechtzeitig erkennen und umfassend erfüllen zu können.

Eine weitere Voraussetzung ist, dass auch ein Prozess des „Verlernens" stattfindet, das heißt, dass eingefahrene und eingeschliffene Denk- und Verhaltensweisen abgebaut werden, die (Neu-)Lernen be- oder sogar verhindern. Ein solcher „Verlern-Prozess" ist mitunter schwierig und aufwendig. Denn der Verlust lang bewährter Denk- und Handlungsmuster, die Aufgabe lieb gewordener Gewohnheiten und verinnerlichter Überzeugungen wird häufig als „schmerzhaft" und mühsam empfunden, dem man sich allzugern entzieht. Der Prozess des Ver-Lernens benötigt ebenso wie der Prozess des Neu- und Dazu-Lernens Ressourcen der Organisation, insbesondere Zeit und Motivation der Mitglieder. Wichtig für eine Organisation ist es, ein Gleichgewicht zu finden zwischen den Fähigkeiten, Neues zu lernen und Altes zu verlernen.

Die „Kompetenz-Center" im Sinne von „kollektiven Wissensgemeinschaften" sind ein idealer Rahmen für individuelle und organisationale Lernprozesse. Diese internen Netzwerke orientieren sich nicht an Abteilungs- oder Bereichsgrenzen, sondern entstehen „kreuz und quer" zur Hierarchie bzw. zur funktionalen Struktur. Die Steuerung basiert auf dem Prinzip der Selbstorganisation. Die Teams sollen selbst bestimmen, welche Geschäftsprozesse von besonderer Bedeutung sind, für diese Geschäftsprozesse Verbesserungsvorschläge erarbeiten und mit Hilfe der Linien selbständig umsetzen. Jedes Kompetenz-Center sollte sich regelmäßig treffen, sich aus mindestens jeweils einem Mitarbeiter jeder Funktion zusammensetzen und die Rahmenbedingungen der internen Organisation eigenverantwortlich regeln können. Kompetenz-Center stellen ein lernendes System dar, das im ständigen Austausch mit anderen Systemen im Sinne von Lernpartnerschaften steht.

Kompetenz-Center lassen sich idealiter als „anti-strukturell" und „experimentierend" begreifen und zuvorderst durch Merkmale wie Hierarchiefreiheit, Selbstkoordination und Kommunikation charakterisieren. Im Allgemeinen sind vor allem die Organisationen lernfähig und offen für Veränderungen, die sich durch lose gekoppelte Center auszeichnen, die ihrerseits über möglichst wenige standardisierte Verfahren, feste Regelsysteme, ausgebaute Kontrollsysteme verfügen, die mithin wenig „bürokratisch" sind.

Kompetenz-Center weisen insgesamt eine spontane, polyzentrische Ordnung auf. Diese besteht aus weitgehend autonomen, selbstverantwortlichen Systemen, die sich durch Marktnähe, unternehmerisches Handeln und interne Dynamik auszeichnen und zwischen denen ein interner Wissensmarkt die Verbreitung von Wissen garantiert. Ähnliche Systeme sind Teams wie etwa Qualitätszirkel oder Projektgruppen, die parallel zur originären Linienstruktur bzw. Primärorganisation eingerichtet werden und so eine Parallel- bzw. Sekundärorganisation bilden. Hier können sich im Sinne einer innovationsfreundlichen Selbstorganisation ungestört als auch selbst wenig störend Ideen entwickeln und erprobt werden, die dann bei Erfolg in die traditionelle Linienorganisation nach Bedarf eingespeist werden (Strasmann 1995).

Fortdauerndes Lernen und eine ausgeprägte Lernfähigkeit werden in der heutigen Zeit mehr und mehr zu einer strategischen Ressource, durch die im Rahmen von personen- und funktionsübergreifenden Übungs- und Erfahrungsprozessen weitere Kernkompetenzen sowohl aufgebaut als auch auf ihre Gültigkeit hin permanent kritisch überprüft und gegebenenfalls verändert werden können (Strasmann, Schüller 1997). Nur Organisationen, die lernen, sind in der Lage, dauerhaft innovative Strukturen und Handlungsweisen zu entwickeln, die auch bei extensivem Wandel Überleben ermöglichen. De Geus, der ehemalige Leiter der Planungsabteilung der Shell-Gruppe, sieht in der Fähigkeit eines Unternehmens, schneller zu lernen als die Konkurrenz, sogar den einzig langfristig zu verteidigenden Wettbewerbsvorteil: „The ability to learn faster than your competitors may be the only sustainable competitive advantage" (De Geus 1988).

4.4.3 Führungskompetenz

Immer mehr Mitarbeiter werden in Zukunft von zu Hause aus oder von unterwegs arbeiten, werden etwa bei einem Kunden direkt vor Ort eingesetzt oder erledigen einen Spezialauftrag an einem anderen Standort des Unternehmens. Für Führungskräfte ändert sich dadurch das Führen ihrer Mitarbeiter erheblich. Der direkte Kontakt im Führungsalltag, der schnelle Kontrollblick über die Schulter, das Führen auf Zuruf „Mach mal eben ..." wird weniger. Wie aber kann Führung auf Distanz funktionieren? Wie soll man motivieren oder kritisieren, wenn die Mitarbeiter gar nicht da sind? Wie gehen Führungskräfte psychologisch mit dem „unsichtbaren" Mitarbeiter um? Eine radikale Umstellung des Führungsstils und der Führungsmethoden tut Not.

Der Wechsel von der sogenannten „Kontaktführung" zur „Distanzführung" fällt vielen Vorgesetzten äußerst schwer. Denn während bei der Kontaktführung der direkte, informelle Kontakt zwischen Vorgesetztem und Mitarbeiter die entscheidende Grundlage war, um die geforderte Leistung zu erbringen, „erleidet" der Vorgesetzte bei der Distanzführung einen erheblichen Macht- und Kontrollverlust, die Entscheidungskompetenz verschiebt sich zu den dezentral tätigen Mitarbeitern. Bei dezentraler

Leistungserbringung ist nun nicht mehr die direkte Kontrolle, sondern das informelle kooperative Vertrauensverhältnis ausschlaggebend für den Führungserfolg. Und ein solches Vertrauensverhältnis kann als Grundlage einer kooperativen Distanzführung nur aus einem vorherigen längeren und intensiven persönlichen Kontakt zwischen Mitarbeiter und Vorgesetztem entstanden sein.

Management über Zielvereinbarungen, auch bekannt als "Management by Objectives", heißt in Zukunft die Devise. Statt anfallende Arbeiten jeden Morgen neu zu verteilen, vereinbart der Vorgesetzte nunmehr projektbezogen die Ziele und Aufgaben im Vorhinein. Danach entscheidet der Mitarbeiter je nach Situation selbst, wie er arbeitet und was genau zu tun ist. Der Vorgesetzte kontrolliert letztlich nur noch das fertige Ergebnis.

Distanzführung erfordert eine sorgfältige kurz- und langfristige Projektplanung, wobei auch eventuelle Risikoszenarien und Störmodelle berücksichtigt werden müssen. Damit der Vorgesetzte im Projektverlauf kompetente Unterstützung bei Entscheidungen geben kann, muss ein Reporting in Bezug auf entscheidungsrelevante Informationen stattfinden, das entweder periodisch und/oder bedarfsorientiert erfolgt. Die Art und Weise eines solchen Reporting-Feedback ist von Anfang an präzise zu vereinbaren. Insbesondere muss bei der Distanzführung klar sein, wie die Angst vor physischem Kontrollverlust als eins der Haupthindernisse dezentraler Leistungserstellung kompensiert werden kann bzw. wie eine geeignete Kontrollstruktur beschaffen sein muss. Ein Großteil des physischen Kontrollverlustes kann bereits im Vorfeld etwa durch eine gezielte Auswahl der Mitarbeiter, durch den Aufbau eines ausgeprägten Vertrauensverhältnisses, durch eine sorgfältige Planung des Projektes und durch ein umfassendes reporting kompensiert werden. Die unmittelbare „Überwachungskontrolle" der Kontaktführung muss bei Distanzführung durch eine „Motivationskontrolle" ersetzt werden. Die Eigenmotivation eines jeden Mitarbeiters muss so ausgeprägt sein und es muss ein so positives emotionales Klima bzw. eine so starke emotionale Bindung bestehen, dass idealiter die Zusammenarbeit reibungslos verläuft und eine Fremdkontrolle überflüssig ist.

Dies setzt ein großes Maß an gegenseitigem Vertrauen voraus; denn schließlich gibt der Vorgesetzte Kompetenzen ab und der Mitarbeiter übernimmt weit mehr Verantwortung als früher. Der Vorgesetzte muss seinen Mitarbeiter zutrauen, dass die vereinbarten Ziele erreicht und die gestellten Aufgaben zuverlässig erledigt werden. Mit diesem neuen Führungsstil und mit dem andersartigen Umgang tut sich so mancher Vorgesetzte schwer, da er Macht und Kontrolle ab- und aufgibt. Rückfälle in alte Kontrollroutinen sind zu befürchten.

4.4.4 Selbstkompetenz

Die Kompetenz des Selbst wird entscheidend sein: Selbstführung, Selbstorganisation, Selbstmotivation, Selbstkontrolle, Selbstverantwortung, Selbstvertrauen, Selbstbestimmung und Selbstveränderung sind grundlegende Voraussetzungen in einer Zeit der New Economy. Ständige Lern- und Veränderungsbereitschaft fordert und fördert das Selbst und kreiert einen neuen Typus Mitarbeiter: Persönlichkeiten mit natürlicher Autorität, Durchsetzungskraft und Teamfähigkeit, sozial kompetent und emotional intelligent, motiviert und belastbar. Mit-Denken, Mit-Handeln, Mit-Entscheiden, Mit-Verantworten, Mit-Wissen und Mit-Wirkung sind wichtige Potenziale. Karrierevorstellungen ändern sich grundlegend. Das Bild des modernen Mitarbeiters ist das eines selbstbewussten, ganzheitlich orientierten, kommunikativen, mündigen Menschen, der sein Leben und sein Umfeld aktiv gestalten sowie sich fachlich und persönlich ständig weiterentwickeln will – im Verbund mit anderen Menschen.

Durch moderne Netzwerkorganisationen und die damit einhergehende Aufweichung von Unternehmensgrenzen entstehen allerdings mentale Barrieren, wobei insbesondere Fragen von Loyalität und Identität im Vordergrund stehen: Wer gehört zum Netzwerk und wer nicht? Wie entwickelt und gestaltet sich kollektive und individuelle Loyalität bei kurzlebigeren Arbeitsbeziehungen?

Bei „Partnern auf Zeit" ist das Commitment meist hoch, die Loyalität aber in aller Regel relativ gering. Hier sind die Unternehmen gefordert, einen anders gearteten sozialen Kontrakt zu schaffen, der eine neue Qualität von Loyalität und Bindung möglich macht. Ein Ansatzpunkt hierfür ergibt sich durch eine größere Vielfalt leistungsorientierter Vergütungs- und Benefitsysteme im Sinne eines Cafeteria-Systems. Der Mitarbeiter kann dabei aus einem Menü von Angeboten wählen und direkt die Struktur seiner Vergütung gemäß seiner individuellen Präferenzen selbst bestimmen.

Folgende Cafeteria-Optionen sind im Allgemeinen möglich:

- Geldform: Urlaubsgeld, Weihnachtsgeld, Arbeitgeberdarlehen, höhere Altersversorgung.

- Beteiligungen: Kapital- und Erfolgsbeteiligungen, Aktienoptionen.

- Freizeit: längerer Urlaub, frühere Pensionierung, Sabbaticals, kürzere Wochenarbeitszeit, flexible tägliche Arbeitszeit.

- Versicherungsleistungen: Unfallversicherung, Lebensversicherung, Berufsunfähigkeitsversicherung, Krankenversicherung.

- Sachleistung: Werkswohnung, PKW, Reisen, Eintrittskarten für Sportveranstaltungen und Events, Produkte und Dienstleistungen von Partnerunternehmen.

- Vorsorge / Beratung: medizinische Betreuung, Rechtsberatung, Steuer- und Finanzberatung.

- Bildungsangebote: Sprachkurse, Bildungsurlaub, EDV-Kurse, MBA-Programme.

4.5 Methoden der Kompetenzvermittlung

Das Internet verändert auch die Lernformen. „Electronic-Learning" bzw. „E-Learning", also das Lernen über oder mit Hilfe elektronischer Medien, ist in aller Munde. Interaktive Lernplattformen im Internet/Intranet wie etwa „Web-Based-Training" (WBT), „Computer-Based-Training" (CBT) auf der Basis von CD-ROMs, Teletutoring und Telecoaching, Videos, E-mail, Videokonferenzen, Chat-Foren, virtuelle Klassenzimmer u.a. bieten ein multimediales Medien-Portfolio für „Distance-Learning". Bei dieser Art des Lernens kann der Lernende von zu Hause oder vom Arbeitsplatz aus mit Bildungsanbietern, Tutoren oder anderen Lernenden via E-mail, elektronischem Forum, Videokonferenz oder anderen computerbasierten Technologien kommunizieren. Besonders effektiv ist dieses neue Konzept in Form des „hybriden Lernens", bei dem sämtliche Lernmethoden und -instrumente ineinander greifen und zudem auch Präsenzseminare besucht werden können.

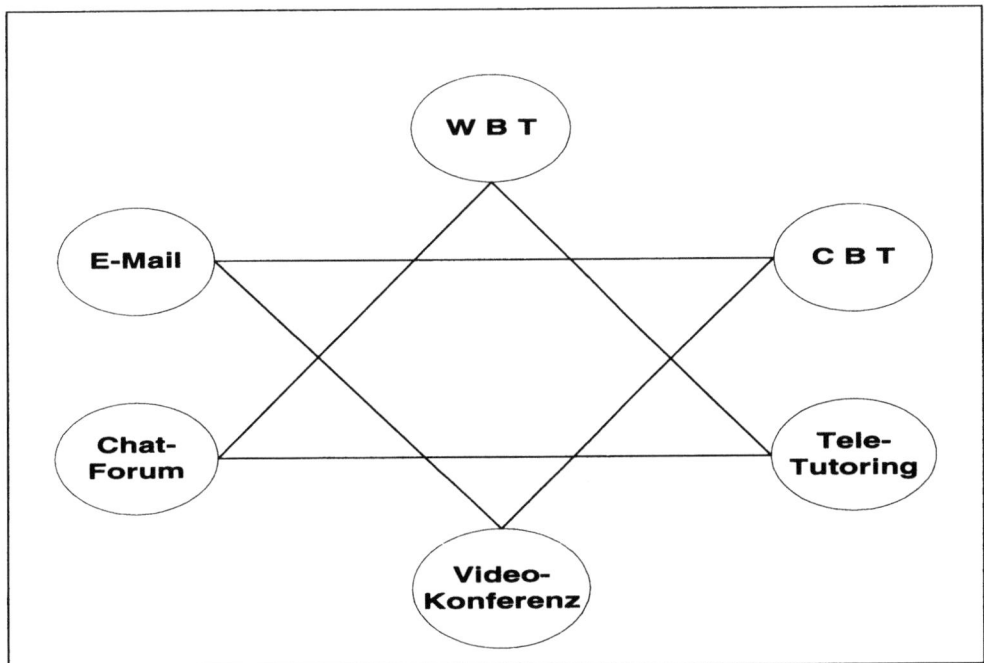

Abbildung 21: Hybrides Lernen

Insbesondere Grossunternehmen investieren verstärkt in E-Learning. Nach Meinung von Fachleuten wird hier in den nächsten drei bis fünf Jahren der Bereich der Personalentwicklung „elektronifiziert" sein. Für Mitarbeiter in Kleinbetrieben und mittelständischen Unternehmen ist die Nutzung der methodisch-didaktischen Potenziale des E-Learning dagegen ungleich schwerer. Hier bietet sich der Auf- und Ausbau kooperativer Strukturen mehrerer Unternehmen in Form von Qualifizierungsnetzwerken an.

Die „E-Learning-Verantwortung", d. h. die Verantwortung für das eigene Lernen, liegt bei jedem selbst. Dies trägt dem Ausmaß und dem Tempo Rechnung, in dem heute jede Führungskraft und jeder Mitarbeiter durch Veränderungsprozesse im globalen Wettbewerb betroffen ist. Jeder muss seinen Lernbedarf selbst erkennen, organisieren und mittels Selbstlernphasen realisieren, wobei dezentral arbeitende Tutoren Unterstützung bieten. Idealerweise entfernt sich der Lernende beim Lernen nicht von seinem Arbeitsplatz oder bleibt zumindest in der Nähe. Von „just-in-place-Lernen" ist hier die Rede.

E-Learning setzt bei den Teilnehmern die Fähigkeit zum autonomen Lernen voraus. Neben der Selbstlernkompetenz ist insbesondere die Medienkompetenz, die Kompetenz also, neue Informations- und Kommunikationstechnologien kompetent handhaben und effektiv nutzen zu können, eine wichtige Voraussetzung für den Erfolg von Online-Seminaren. So bietet beispielsweise die Dresdner Bank allen Mitarbeitern an, einen Führerschein für das Internet, „Web-Führerschein" genannt, an einer Online-Lernstation zu erwerben.

Im Rahmen von arbeitsintegrierten und selbstregulierten Formen des E-Learning werden im Allgemeinen die beiden Ansätze „Distance-Learning" und „Distributed-Teaching" unterschieden. Bei „Distance-Learning-Konzepten" findet Lernen grundsätzlich in der Form statt, dass der Lehrende und der Lernende räumlich voneinander entfernt sind, Lehrort und Lernort also auseinander fallen. Hierbei kann es sich zum Beispiel um eine synchrone oder asynchrone multimediale Übertragung eines Seminars oder um CBT-Angebote handeln, die an den Arbeitsplätzen als Lernorte auf der Grundlage des Internet oder Intranet von einem zentralen „Lehrort" abgerufen werden können. Für klärende Rückfragen des Lernenden stehen in der Regel Dozenten oder Tutoren zur Verfügung.

Bei „Distributed-Teaching-Konzepten" dagegen verändert sich das Verhältnis von Lehren und Lernen nachhaltig. Es scharen sich nicht mehr viele Lernende an entfernten Orten um einen Lehrenden, der sich etwa in einem zentralen Seminarraum aufhält, sondern umgekehrt: Viele Lehrende an entfernten unterschiedlichen „Lehrorten" scharen sich quasi um einen Lernenden. Die Teilnehmer stellen eigenverantwortlich ihren eigenen Bildungsplan auf und bedienen sich dementsprechend aus dem multimedialen Angebot. Sie entscheiden also in Eigenregie über Inhalte, Zeit, Ort sowie über die in Anspruch genommenen Weiterbildungsinstitutionen.

118

Die Möglichkeit, computergestützt in unternehmensweiten bzw. unternehmens-übergreifenden Projektteams zusammenzuarbeiten, gewinnt immer mehr an Bedeutung. Es werden „Learning-Networks" realisiert, bei denen die Teilnehmer online miteinander in Kontakt stehen und so ihr Wissen weitergeben und austauschen können.

Bei der Deutschen Telekom beispielsweise werden solche „Lerngemeinschaften" auf der Grundlage der Lernplattform „Global Teach" ermöglicht. Diese Lernplattform wurde „hausintern" entwickelt und bildet die zentrale Drehscheibe für fast alle intranet-gestützten Lernaktivitäten. „Global Teach" verwaltet u. a. die CBT, steuert den Einsatz von WBT und bietet die Möglichkeit, für bestimmte Zielgruppen Lehrpläne vorzugeben, die von den Mitarbeitern nach definierbaren Regeln und Standards zu bearbeiten sind. „Global Teach" ist so in der Lage, die zu einem bestimmten Anforderungsprofil gehörenden Schulungsinhalte anwenderspezifisch bzw. „lernerindividuell" zu adminis-trieren. Außerdem eröffnet „Global Teach" allen Mitarbeitern auch Zugang zu den offenen Lerninhalten der freiwilligen Weiterbildung.

Ergänzend zu dieser Lernplattform wurde mit der entsprechenden Technik ein so genannte „virtual classroom" geschaffen, der sich dadurch auszeichnet, dass in ihm bzw. durch ihn weitestgehend die gleichen Kommunikationsmöglichkeiten wie in einem realen Klassenraum bestehen. Auf der Grundlage des Systems „Dialog Compact" kann hier sowohl der Lehrer steuernd auf die Lernenden einwirken und der individuellen Lerngeschwindigkeit Rechnung tragen als auch der Lernende sich jederzeit an den Lehrer wenden, der sich bei diesem System in einem kleinen Studio befindet.

Für die meisten Unternehmen sind derzeit Online-Kurse von besonderem Interesse. Diese Methode des „asynchronen Lernens" bietet den wesentlichen Vorteil, dass die Lernenden flexibel von jedem vernetzten PC aus jederzeit auf das gewünschte Lernmaterial zugreifen können. Diese Möglichkeit des „learning on demand" und „learning just in time" wird durch die einfache Distributionsmöglichkeit über das Internet begünstigt. Für die Unternehmen haben diese „konservierten" Lerneinheiten einen bedeutenden Mehrwert: Wissen und Informationen, die im herkömmlichen Training stets nur einer kleineren Gruppe zugänglich sind, sind nunmehr für alle Mitarbeiter erreich- und abrufbar, die Zugang zum Intranet haben.

Das Lernen von Projektgruppen im Rahmen betrieblicher Projekte ist ein wesentlicher Bestandteil von E-Learning. Es bietet viele Vorteile wie unmittelbare Praxisnähe, Lern-zeit und Arbeitszeit fallen weitestgehend zusammen, der Einzelne lernt in einem ihm bekannten sozialen System, tauscht sich mit anderen Mitgliedern der Projektgruppe nach Bedarf aus, beschäftigt sich mit konkreten Themen des Unternehmens und bringt diese einer Lösung näher.

Ganz entscheidend ist hierbei, dass der Lernprozess in einen sozialen Kontext eingebettet ist bzw. das Lernen in der Kooperation mit anderen geschieht. E-Learning, das nicht gleichzeitig auch kollaboratives bzw. kooperatives Lernen ist oder, um es in der Internet-Sprache zu formulieren, auf der Grundlage von „P2P" („People-to-People" oder „Peer-to-Peer") stattfindet, wird auf Dauer nicht erfolgreich sein. Denn der Kontakt zu anderen, wobei insbesondere der zum (Tele-)Trainer oder (Tele-)Tutor wichtig ist, verhindert, dass sich der Einzelne allein gelassen fühlt und bei den kleinsten Problemen bereits aufgibt. „Lost-in-Cyberspace" nennt sich dieses Phänomen im Trainerdeutsch.

Sowohl die Organisation selbstgesteuerter Lernprozesse Einzelner als auch die netzverbundener kooperativer Lerngemeinschaften sollten von einem (Tele-)Tutor betreut werden. Dieser begleitet und unterstützt den netzgestützen Kommunikations-, Kooperations- und Lernprozess, indem er etwa den Lernprozess strukturiert, Vorschläge zum Zeitmanagement macht, schwierige Entscheidungen moderiert, Arbeitsergebnisse einfordert, Prozesse in Gang hält sowie „last but not least" die Motivation der Lernenden fördert. Der Tutor sollte nach Möglichkeit im Laufe der Zeit organisatorische Aufgaben und Verantwortung Schritt für Schritt abgeben. Die Struktur der Kommunikation einer Gruppe sollte dementsprechend zunächst sternförmig sein und sich auf den (Tele-)Tutor beziehen, um sich dann nach und nach netzartig auf die gesamte Gruppe zu verteilen.

Eine etwas andere Vorgehensweise hat die Firma Siemens mit ihrem Spiel „Netracer" gewählt. Auf der Grundlage dieses web-basierten Trainings sollen weltweit in kürzester allen Mitarbeiter „spielend" die Grundlagen des E-Business vermittelt werden. Der „Netracer" soll alle Mitarbeiter in wenigen Stunden Lernzeit auf eine einheitliche Wissensbasis zum Thema E-Business bringen.

Im Intranet kann jeder Mitarbeiter an dem Programm teilnehmen. Hat er seinen persönlichen „Netracer" zusammengestellt, wird er eingeladen, in einem virtuellen Haus die E-Business-Erkundungstour aufzunehmen. In jedem Stockwerk erhält er Informationen zu „E-Themen". Ein Astronaut informiert über die Vergangenheit des Internet, im Infocenter erfährt er, was eigentlich „Customer Relationship Management" (CRM) ist. Die anschließende Reise kann der Spieler erst dann antreten, wenn er seine Web-Licence – gegebenenfalls nach Besuch der „Fahrschule" – erworben hat.

Hat der „Spieler" das virtuelle Haus erkundet, erhält er die Nachricht, wann das nächste Lernmodul bereit sein wird. Auf diese Weise wird der Lernende sukzessive begleitet und kann das Spieltempo selbst bestimmen und sich das Interessante aus jedem Lernmodul heraussuchen. Sämtliche Spielinhalte sind zweisprachig angelegt.

Um den gesamten Lernprozess optimal zu begleiten, ist natürlich das Spiel allein nicht ausreichend. Der Lernende erhält zusätzlich noch einen Newsletter und die regelmäßige Benachrichtigung über neue Module. Zudem steht ein Telecoach telefonisch oder über E-Mail bereit, um technische und inhaltliche Fragen zu klären oder bei Problemen Hilfestellung zu leisten.

Zur Unterstützung bzw. zur besseren Handhabung der E-Learning-Angebote dienen sogenannte „Yellow Pages". Diese bieten – ähnlich wie die Gelben Seiten bei den üblichen Telefonbüchern – einen nach thematischen Schwerpunkten geordneten Überblick, aus dem schnell das gesuchte Angebot ausgewählt werden kann. Den verschiedenen Themengebieten können Mitarbeiter (etwa mit Namen, Funktion, Telefonnummer und E-Mail-Adresse) zugeordnet werden, die bereits über das entsprechende Wissen verfügen und sich als Ansprechpartner zur Verfügung stellen. Zudem können die Yellow Pages wie eine Art Branchenverzeichnis des Unternehmens genutzt werden, in dem die verschiedenen Abteilungen neben den Profilen ihrer Mitarbeiter auch ihre jeweiligen Produkte und Dienstleistungen präsentieren. So kann gezielt nach bestimmten Leistungen, Angeboten oder individuellen Fähigkeiten gesucht werden, die man für eigene Projekte benötigt.

Töpfer (1999) fasst den Nutzen von web-basierten Trainings in fünf Punkten zusammen:

- Ermöglicht wird gemeinsames Lernen auch bei räumlicher Distanz, wobei die Entfernung völlig nebensächlich wird. Alle Mitarbeiter sind so an jedem Ort des Unternehmens über den Globus verteilt gleichzeitig erreichbar und einbeziehbar.

- Ein weiterer Vorteil liegt im „Just-in-Time"-Lernen. Wissensvermittlung wird bei Bedarf auf der Grundlage von stets aktuellen Informationen möglich. Es gibt also keine Verfallszeiten von Wissen über die räumliche Distanz.

- Mitarbeiter können das eigene Lerntempo selbst bestimmen. Es ist also individuell möglich, Neues zu vertiefen und Unklares zu wiederholen, wo und wie auch immer die Schwerpunkte gesetzt werden.

- Insgesamt ist bei Web-basierten Trainings ein deutlich kürzerer Zeitaufwand für Lernvorgänge erforderlich. Erfahrungswerte gehen bis zu einer Zeitverkürzung von 50 % durch eine straffere Lernorganisation. Hiermit verbunden sind entsprechende Kosteneinsparungen dadurch, dass die Teilnehmerzahl nicht wie üblich Einschränkungen unterliegt, um eine bestimmte Qualität des Trainings zu gewährleiten.

- Auf der Basis interaktiver multimedialer Techniken ist zusätzlich eine Bewertung und Auswertung des Teilnehmer-Leistungsniveaus möglich. Dies läuft darauf hinaus, dass die Erfolge und Probleme beim Lernfortschritt durch den Lehrenden unmittelbar ermittelt werden können und so Rückkopplungen, beispielsweise auch in Präsenzveranstaltungen, gezielt an Lerndefiziten ansetzen können.

Den konkreten Nutzen eines web-basierten Trainings veranschaulichen die Erfahrungen, die IBM Global Campus seit Einführung im April 1999 gemacht hat (Töpfer 1999):

- Die Internet-Lernangebote des virtuellen Bildungszentrums haben circa 70 000 Mitarbeiter in Anspruch genommen.

- Die Kosten eines netz-basierten Trainingskurses liegen circa 60 – 70 % unter denen eines herkömmlichen Trainings.

- Es können Kosten von circa 400.000 US-Dollar eingespart werden, wenn 1 000 Präsens-Trainings durch netzbasierte Weiterbildung ersetzt werden.

- Die Einsparungen und Produktivitätssteigerungen werden mit 100 Mio. US-Dollar angegeben.

In der öffentlichen Diskussion gilt es nahezu schon als selbstverständlich, dass die neuen Medien zu einer Steigerung von Motivation, Lerneffektivität und Effizienz beitragen. Doch zeigt sich in der Praxis vermehrt, dass die propagierten Erfolge mediengestützten Lernens keineswegs automatisch allein schon mit der Einführung neuer Technologien eintreten, sondern dass wichtige Voraussetzungen beachtet werden müssen.

In einem ersten Schritt müssen im Rahmen eines unternehmensweiten Knowledge-Management die personellen, organisatorischen und technischen Grundlagen für die Entwicklung und Betreuung eines Wissens-Netzwerk geschaffen werden. Dieses soll permanent (bereits vorhandene und neue) Informationen so aufbereiten, strukturieren, kontextualisieren und verwalten, dass daraus neues Wissen generiert und bereitgestellt werden kann. In einem zweiten Schritt geht es dann darum, dieses Wissen didaktisch aufzubereiten und zu vermitteln. Kerres (2001) favorisiert bei der Einführung von E-Learning, verschiedene Elemente zu berücksichtigen, die er als „magisches Viereck mediendidaktischer Innovation" bezeichnet:

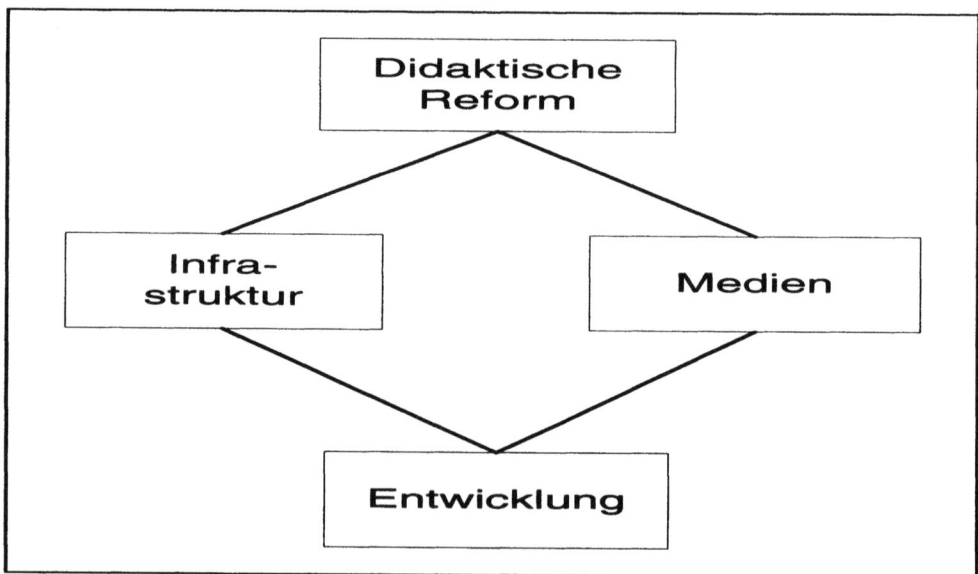

Abbildung 22: Das magische Viereck

- Didaktische Reform der Bildungsinhalte, -methoden und -ziele

- Produktion und Distribution mediengestützter Lernangebote

- Entwicklung der personellen und strukturellen Voraussetzungen für die erfolgreiche Mediennutzung

- Ausbau und Sicherung von Infrastruktur

Diese Elemente stehen in wechselseitiger Abhängigkeit und müssen, entsprechend den jeweiligen konkreten Rahmenbedingungen, ausgebildet bzw. aufeinander abgestimmt werden. So macht es beispielsweise wenig Sinn, in eine umfassende Infrastruktur zu investieren und beispielsweise vernetzte Computerarbeitsplätze einzurichten, wenn die personellen und strukturellen Voraussetzungen für deren Nutzung nicht gegeben sind.

Genau wie bei Präsenzseminaren müssen auch bei elektronischen Lernformen eine Menge Kenntnisse und Erfahrungen hinzu kommen, die nicht über das Netz vermittelt werden können. Ein sehr anschauliches Beispiel für diesen Sachverhalt bietet die nachfolgende Geschichte: Stellen Sie sich vor, Sie sind in einem Krankenhaus in der Notaufnahme. Eine Krankenschwester teilt Ihnen mit, dass Sie sich sofort einer Gehirnoperation unterziehen müssen. Zwei Ärzte sind verfügbar und Sie müssen sich für einen entscheiden. Der erste hat ein traditionelles Training hinter sich, bei dem er unter Anleitung eines erfahrenen Chirurgen Erfahrungen machen konnte. Der zweite wurde mit dem revolutionären neuen Distance-Learning-Programm für Gehirnoperationen des Krankenhauses trainiert, das auch einen 12-teiligen Kurs auf CD-ROM enthält. Welchen Chirurgen würden Sie wählen?

4.6 Kompetenz- und Wissensmanagement

In derart turbulenten Zeiten wie den heutigen, in denen die Unternehmensumwelt hochkomplex und gleichzeitig überaus labil ist, in denen das einzig Sichere die fortwährende Unsicherheit ist, in denen ständig neue Paradoxien auftauchen und gemanagt werden müssen, kann nur das Unternehmen erfolgreich sein, das Gegensätzliches gleichzeitig tun kann. „Wissen" wird immer mehr zur wichtigsten wertgenerierenden Quelle bzw. zum wichtigsten Produktionsfaktor des modernen Unternehmens. Während das Management der klassischen Produktionsfaktoren ausgereizt scheint, hat das Management der neuen organisatorischen Ressource Wissen seine Zukunft noch vor sich.

Im Rahmen des Management von Wissen bzw. des Wissensmanagement besteht eine wichtige Aufgabe für Human Resources darin, das unternehmerische Humankapital, also das Leistungspotenzial aller Mitarbeiter, systematisch zu bevorraten und weiter zu entwickeln, um es dann bei Bedarf aktivieren zu können. Eine strategieorientierte Personalentwicklung, die zentraler Bestandteil der Unternehmensstrategie ist, muss einen umfassenden Überblick über die im Unternehmen vorhandenen Potenziale und Kompetenzen der Mitarbeiter haben, also über ein Kompetenzen-Portfolio verfügen. In einem solchen unternehmensweiten Portfolio werden die Kompetenz-Profile sämtlicher Mitarbeiter hinsichtlich verschiedener Dimnsionen erfasst, wobei die Profildimensionen so gestaltet sein müssen, dass sie die jeweils relevanten Erfolgsfaktoren widerspiegeln.

Ein einfacheres Profil beispielsweise, das in der Praxis eingesetzt wird, besteht aus den drei mittlerweile schon klassisch zu nennenden Dimensionen von Mentzel (1997):

- Geistige Anforderungen

- Verhaltensmerkmale und

- Führungsmerkmale

Komplexere Profile setzen sich etwa aus folgenden Dimensionen zusammen (Knöchel und Schreiber 1998):

- Fachliche Kompetenz

- Strategische Kompetenz

- Unternehmerische Kompetenz

- Führungskompetenz

- Soziale und interkulturelle Kompetenz

- Veränderungskompetenz

- Innere Unabhängigkeit

Die Dokumentation der Kompetenzprofile bzw. der einzelnen Kompetenzen hat eine zentrale Bedeutung im Rahmen eines organisationsweiten Kompetenz- und Wissensmanagement. Dabei ist eine hohe Transparenz insbesondere kritischer bzw. knapper Kompetenzen wichtig, damit diese bei neuen Anforderungen bzw. tiefgreifenden Veränderungen schnell aktiviert und mögliche Vorteile wahrgenommen werden können oder man unmittelbar erkennt, dass entsprechende Kompetenzen umgehend entwickelt werden müssen.

Als Formen der Dokumentation bieten sich unter anderen an:

- Expertenverzeichnisse:

  Recht effektiv und vergleichsweise wenig aufwändig ist die Erstellung von Expertenverzeichnissen, woraus sich Experten und sonstige Wissensträger leicht erkennen lassen.

- Knowledge Maps:

  Mit Hilfe von Knowledge Maps können nicht nur vorhandene Kompetenzstrukturen analysiert, sondern auch zielgruppenspezifische Weiterentwicklungen deutlich gemacht werden. Zusätzlich können mögliche Verbindungen zu anderen Wissensträgern innerhalb und außerhalb des Unternehmens aufgezeigt werden.

Um die Vielzahl von Daten und Informationen speichern, verarbeiten und zu verwertbaren Wissenskomponenten verknüpfen zu können, werden die weitreichenden Möglichkeiten moderner Informations- und Kommunikationstechnologien genutzt. Insbesondere können mittels Datenbanken die vorhandenen elektronischen Daten unter einer einheitlichen Benutzeroberfläche gebündelt und den Anwendern komfortabel zur Verfügung gestellt werden. Auf der Grundlage eines firmeneigenen Netzes (IntraNet) können zudem auch interne Geschäftsprozesse, Produkt- und Verfahrensbeschreibungen, Kundendaten und -verträge sowie markt- und wettbewerbsrelevante Rahmenbedingungen verfügbar gemacht werden. Jeder Nutzer kann die für ihn notwendigen Daten schnell abrufen, entsprechend den eigenen Zwecken weiter bearbeiten und jederzeit durch aktuelle Informationen ergänzen bzw. aktualisieren.

Die erfolgreiche Entwicklung und Handhabung eines organisationsweiten Wissensmanagement erfordert einen kontinuierlichen Prozess, der von der Wissensgenerierung über das Evaluieren, Filtern, Speichern und Katalogisieren von Wissen bis hin zur Verteilung und Nutzung reicht. Für diese komplexen Aufgaben müssen Rollen definiert und Verantwortungen zugeteilt werden. In größeren Unternehmen wird diese Aufgabe in der Regel von so genannten Wissensmanagern oder Knowledge Officers wahrgenommen werden.

Die Hauptaufgabe eines Wissensmanagers ist es, insbesondere in Zusammenarbeit mit den Bereichen Personal und IT,

- die Aufnahme,

- die Weitergabe,

- die Be- und Verarbeitung und

- das gezielte Auffinden

von Wissen kontinuierlich zu entwickeln bzw. zu verbessern. Dabei versteht es sich von selbst, dass ein professionelles Wissensmanagement die Aufgabe jeder Führungskraft und eines jeden Mitarbeiters sein muss.

Zur Steuerung des Wissensmanagement bietet sich neuerdings die so genannte Balanced Scorecard an, die von den beiden US-Wirtschaftswissenschaftlern R.S. Kaplan und D.P. Norton entwickelt wurde. Dieses innovative Instrument des strategischen Management erhebt den Anspruch, die Mängel der klassischen Kennzahlensysteme zu vermeiden und eine umfassende, an der Unternehmensstrategie orientierte Steuerung zu ermöglichen. Einfach beschrieben ist die Balanced Scorecard ein Instrument, das die Unternehmensstrategie in ein Kennzahlensystem übersetzt. Dieses Kennzahlensystem wird innerhalb des gesamten Unternehmens über die verschiedenen Ebenen heruntergebrochen, und so werden die Managementprozesse gesteuert und systematisch im Sinne der Strategie weiterentwickelt.

Durch die Balanced Scorecard wird ein praktischer Handlungsrahmen geschaffen, um insbesondere die folgenden vier kritischen Management-Teilprozesse planen, steuern und kontrollieren zu können:

- Klären und Übersetzen von Vision und Strategie in konkrete Aktionen

- Kommunizieren und Verbinden strategischer Ziele mit Maßnahmen

  Pläne aufstellen, Vorgaben formulieren und Initiativen abstimmen

- Verbessern des Feedback und des Lernens.

Die Balanced Scorecard besteht im Allgemeinen aus vier Kennzahlenbereichen, den so genannten Perspektiven:

- Finanzielle Perspektive: Wie sollen wir gegenüber Teilhabern agieren, um finanziellen Erfolg zu haben?

- Kundenperspektive: Wie sollen wir gegenüber unseren Kunden auftreten, um unsere Vision zu verwirklichen?

- Interne Prozessperspektive: In welchen Geschäftsprozessen müssen wir Hervorragendes leisten, um unsere Teilhaber und Kunden zufrieden zu stellen?

- Lern- und Entwicklungsperspektive: Wie können wir unsere Veränderungs- und Wachstumspotenziale fördern, um unsere Vision zu verwirklichen?

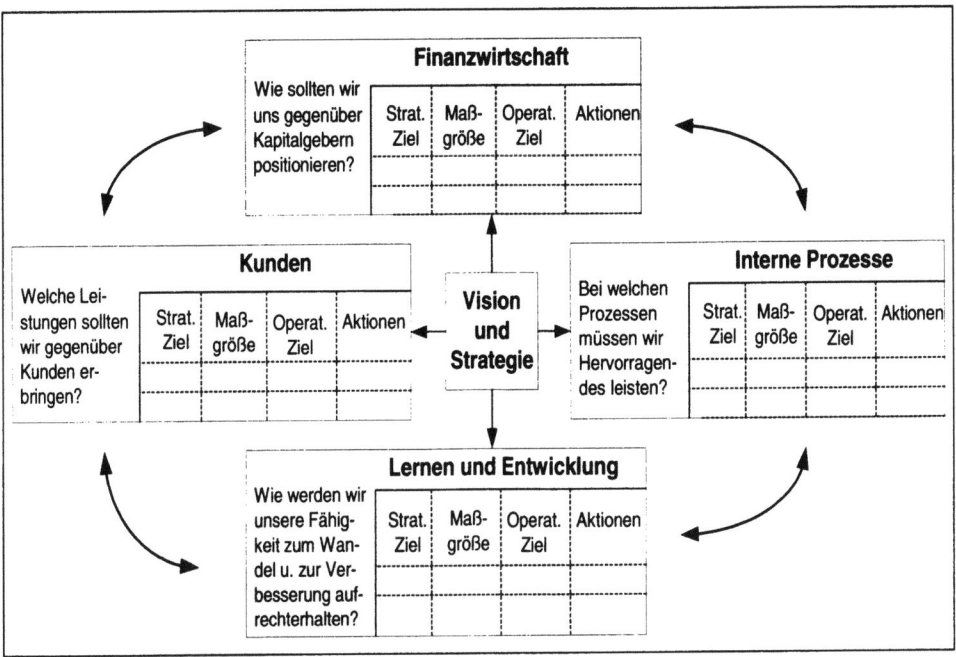

Abbildung 23: Das Grundgerüst einer Balanced Scorecard

Obgleich die finanzielle Perspektive Priorität hat, ist die Balanced Scorecard ein integratives Instrument. Eine Perspektive allein kann die unternehmerische Vision und Strategie nicht realisieren, sondern dazu bedarf es der grundsätzlichen Abstimmung aller vier Perspektiven untereinander. Mittels dieser vier Perspektiven, die durch Ursache-Wirkung-Zusammenhänge eng miteinander verbunden sind, wird das Unternehmen gesteuert.

Zur Umsetzung der Strategie gibt die Balanced Scorecard einen praktikablen Weg mittels eines vierstufigen Vorgehens vor:

- Klare Definition der strategischen Ziele für jede Perspektive.

- Auswahl von Messgrößen für jedes festgelegte Ziel.

- Bestimmung eines Soll-Wertes für jede Messgröße.

- Planung und Realisierung von Aktionsprogrammen bzw. Maßnahmen zur Erreichung der angestrebten Soll-Werte.

Auch Wissensmanagement als unternehmerische Aufgabe lässt sich in die oben dargestellten vier Perspektiven aufteilen:

- der finanziellen Perspektive entspricht etwa das jährliche Budget für Wissensmanagement,

- der Kundenperspektive entsprechen die Mitarbeiter im Unternehmen oder einzelne Abteilungen,

- der Perspektive der internen Prozesse entspricht etwa die Frage, wie eine höhere Beteiligung bei Fortbildungsmaßnahmen erreicht werden kann,

- der Lern- und Entwicklungsperspektive entspricht etwa die Frage, wie zufrieden die Mitarbeiter sind.

Hieraus können dann anhand des beschriebenen vierstufigen Vorgehens Ziele definiert, Messgrößen festgelegt, Soll-Werte bestimmt und schließlich entsprechende Handlungen geplant werden. Die erzielten Fortschritte werden in regelmäßigen Meetings überprüft.

Die Balanced Scorecard fördert und fordert Wissensmanagement in vielerlei Hinsicht. Allein schon die Vereinbarung strategischer Ziele, deren Übersetzung in operative Handlungen und die Festlegung von Messinstrumenten erfordern einen Transfer von Wissen zwischen verschiedenen Hierarchieebenen, Abteilungen und Mitarbeitern.

Insbesondere in der Lern- und Entwicklungsperspektive findet die Bedeutung der Mitarbeiterschaft als wichtigste Ressource im Unternehmen eine angemessene Berücksichtigung. Kaplan und Norton (1997) unterscheiden drei wesentliche Hauptkategorien der Lern- und Entwicklungsperspektive:

- qualifizierte Mitarbeiter in angemessener Zahl (Mitarbeiterpotenziale),

- bedarfsgerecht informierte Mitarbeiter (Potenziale von Informationssystemen),

- Motivation, Empowerment und Zielausrichtung von Individuen, Teams und Organisationseinheiten.

Die Erfolge von Unternehmen, die bereits Erfahrungen mit der Balanced Scorecard gemacht haben, sind beeindruckend. Exemplarisch werden nachfolgend einige Ergebnisse der Produktdivision Gleitlager der Svenska-Kugellagerfabriken, die seit 1996 am Standort Saarland mit der Balanced Scorecard arbeiten, vorgestellt (Vogel 2001):

- Das Kostenniveau konnte kontinuierlich von 136,7 Scores (1996) auf 107,9 Scores (Ende 1998) gesenkt werden.

- Das Produktionsvolumen wurde im gleichen Zeitraum um 42 % gesteigert. Dabei war nur der kleinere Anteil konjunkturbedingtes Wachstum. Der Haupteffekt kam durch verstärkten Fokus auf neue Märkte und Produkte.

- Die Kundenreklamationen wurden für die Produkte aus der eigenen Produktion um circa 35 % gesenkt.

- Die Gesamtdurchlaufzeit wurde um circa 20 % reduziert.

- Das Ergebnis von 1998 wurde dem Forecast entsprechend realisiert und war somit inflationsbereinigt das beste in der Firmengeschichte.

4.7 Der Weg ist das Ziel

Die E-Learning-Vision der Citibank lautet: „Wir wollen eine Lernumgebung schaffen, in der jeder Mitarbeiter den Zugang und die Unterstützung zum Lernen hat, die es ihm erlaubt, das zu lernen, was notwendig ist, dann zu lernen, wenn es notwendig ist und auf die Art und Weise zu lernen, in der es notwendig ist."

Der Weg ist das Ziel: das sich ständig weiterentwickelnde Unternehmen, die ständig dazu lernende Organisation ist das Ziel in Zeiten der New Economy. Der Weg dahin wird nie zu Ende sein, „never ending improvement" lautet die Devise. Der Weg ist manchmal schmal und steinig, anstrengend und erfordert viel Umsicht; er birgt auch Risiken und Gefahren, an denen man scheitern kann. Es gibt keine einfachen Handlungsmuster und keine fertigen Rezepte. Und die Erwartung, dass der Erfolg kosten- und mühelos zu haben ist, ohne Denken und Handeln gravierend zu ändern, wird immer ein gefährlicher Trugschluss bleiben.

5. Führung

Führung gestaltet sich naturgemäß als (mindestens) zweiseitiger Prozess. Idealtypen dessen, was Führung ausmacht, waren stets Abbilder des Zeitgeistes sowie der vorherrschenden Kultur. Im Rahmen der neueren Managementlehren hat sich die Doppelseitigkeit von „Führen" und „geführt werden" in mannigfaltiger Weise ausgedrückt. Ausgehend von den frühen Erfahrungen der Human-Relation-Bewegung wurde ein neues (zweiseitiges) Führungsbild zum durchgängigen Paradigma zeitgemäßer Managementkulturen. Zwar unterscheiden sich diese in mehr oder weniger deutlichen Aspekten, jedoch ist ihnen allen die Überwindung des tayloristischen einseitigen Führungsbildes gemein.

Der nächste Entwicklungsschritt moderner Führung wurde in der Mitte der 80er Jahre durch die Einführung des Konstrukts „Organisationskultur" eingeleitet. Entpersonalisierte Führungsaspekte, normative Führung wurden zu einem integrativen Bestandteil fundierter systemtheoretischer Managementmodelle. Maßgeblichen Einfluss bei der Entwicklung von „apersonalen" Führungskonzepten hatte die St. Galler Schule, deren Managementmodell die systemtheoretische Perspektive der Organisation bzw. der Unternehmung betont und auf dieser Basis Führungshandeln erklärt und veränderbar macht.

Die Kernaussagen der St. Galler Schule, dass Organisationen als komplexes System zu verstehen sind, bietet die Grundlage für eine ganze Reihe von Management- und Führungslehren, die alle zu den Mitbegründern eines neuen komplexeren Führungsverständnisses wurden. Ein Überblick hierzu findet sich bei Schüller und Schlange (1994). Großen Einfluss hat die St. Galler Lehre auch auf das Zusammenspiel von Personalmanagement und Führung. Personalmanagement wird dort erstmalig – anders als in den bis dahin üblichen Managementmodellen – als eine integrative Funktion des Linienmanagements begriffen. Neben der Rolle der rein administrativen Personalverwaltung ist aktives Personalmanagement eher Funktion, die essenziellen Charakter für den Unternehmenserfolg hat und von keiner „losgelösten" Stabsstelle, sondern vom direkten Linienmanager zu erbringen. Dies ist umso bedeutsamer, als alle neuen Führungslehren, die Aussagen zum Human Resources Management machen, auf dieser Grundlage aufbauen.

Eine grundsätzliche Entwicklungstendenz, die hieraus folgt, ist der Codex der Zusammenarbeit von Führungskräften und Mitarbeitern in einer sich immer schneller wandelnden Welt. Beides lässt sich durch eine kooperativ-delegative Führung vereinbaren. Hier geht es maßgeblich um die Einbindung der Mitarbeiter in Entscheidungsprozesse und Entwicklungen des Unternehmens als Ganzes. Dieses setzt voraus, dass der Mitarbeiter in hohem Maße eigenverantwortlich und unternehmerisch denkt. Durch die Mitgestaltungsmöglichkeiten des Mitarbeiters wird es ihm ermöglicht, Stärken seines Fach- und Erfahrungswissens aktiv in die Organisation einzubringen. Der Vorteil für das Unternehmen liegt in der schnellen und effektiven Reaktionsmöglichkeit auf sich ändernde Rahmenbedingungen. Die Interaktionsintensität und die Einbindung in Entscheidungen schaffen gute Voraussetzungen für weitere Entwicklungstendenzen des Mitarbeiters. Die daraus ableitbaren zentralen Aufgaben der Führungskraft sind: Freiräume zu geben, Mitarbeiterpotenzial zu erkennen und zu fördern sowie die Integration des Einzelnen in die gemeinsame Unternehmenskultur voranzubringen.

Gerade aus dieser Perspektive wird sehr schnell deutlich, wie wichtig es ist, sich die einzelnen Subsysteme innerhalb einer Organisation anzuschauen und deren wechselseitige Beeinflussung zu verstehen. Nur die Integration der bestehenden Systeme innerhalb eines Unternehmens führt zu den gewünschten Erfolgen einer Organisation. Alle in diesem komplexen System ablaufenden dynamischen Prozesse werden steuerbar, wenn jeder Mitarbeiter die Ziele des gesamten Unternehmens kennt und sie auch als seine akzeptiert und integriert.

Die Führungskraft hat demnach nicht nur für die Transparenz der Unternehmensziele zu sorgen, sondern diese mit den einzelnen Teilsystemen zu koordinieren und zu integrieren. Dies wird erreichbar, sobald die Rollenerwartungen an den Mitarbeiter klar definiert sind und diese mit Normen der Organisation verbunden werden. Zusätzlich müssen die Rollen der Mitarbeiter aufeinander bezogen sein. Der Beitrag des Einzelnen in diesem System sollte deutlich herausgestellt werden, sodass jede individuelle Handlung für den Gesamtzusammenhang erkennbar und nachvollziehbar wird. Für den Führungsalltag bedeutet das, immer wieder in Mitarbeitergesprächen die Zielsetzung der Organisation herauszustellen und den Beitrag des Einzelnen als wichtiges Element für das Ganze herauszuheben. Dabei sind Lob und Anerkennung der Leistung des Mitarbeiters unabdingbar, sodass die Rolle des Einzelnen und sein Beitrag zum Ganzen große Wertschätzung erfährt. Rollendefinition und die gemeinsame Erarbeitung dieser stehen somit immer wieder im Mittelpunkt der Führungsaufgabe.

Neuere Führungsmodelle lassen mehr Raum für die erwähnten Aspekte. Sie sind weniger starr und lassen sich leichter auf die heute immer häufiger auftretenden Situationen täglicher Führungsarbeit übertragen. Um dieser „neuen Unübersichtlichkeit" Herr zu werden, gehen einige Vertreter der angewandten Führungsforschung radikale Wege und postulieren Standpunkte, die noch vor wenigen Jahren völlig undenkbar gewesen wären.

So wird zum Beispiel gegenseitiges Vertrauen zwischen Führer und Geführten bzw. zwischen Vorgesetzten und Mitarbeitern zu dem nahezu einzigen und essenziellen Bestandteil erfolgreicher Führung erhoben (Malik 2000). Anschaulich wird dies an dem Beispiel der Führungskraft dargestellt, die nach den üblichen Rezepturen erfolgreicher

Führung alles falsch macht und dennoch ein ausgezeichnetes und effektiv belastbares, positives Verhältnis zu ihren Mitarbeitern hat. Im gleichen Zusammenhang kennt auch jeder Führungskräfte, die permanent unter einem schlechten Betriebsklima leiden, obwohl sie – nach den Rezepturen der einschlägigen Fachliteratur – alles genau nach Vorschrift machen (vgl. Kapitel 4).

Vertrauen scheint hier der Schlüsselfaktor zu sein, der die erfolgreichen von den weniger erfolgreichen Führungskräften unterscheidet. Letztendlich passt diese Aussage besser auf die meisten impliziten Führungstheorien als man gemeinhin auf den ersten Blick glauben würde. Schließlich ist die allgemeinste und einfachste Führungstheorie, die so genannte „Great Man Theory", nichts anderes als das undifferenzierte Zuschreiben einer bestimmten Führungsgabe, welche dem einen mehr, dem anderen weniger zufällt. Fragt man sich, warum diese Theorie so lange und so erfolgreich genutzt wurde, so kann man zu folgendem Schluss kommen: Es ist vielleicht gerade die Fähigkeit, ein Klima von Vertrauen und gegenseitigem Respekt erzeugen zu können, welche viele Führer, die man aufgrund ihrer natürlichen Gabe respektiert, auszeichnet.

Heute wissen wir, dass Führung im Allgemeinen und Unternehmenssteuerung im Besonderen nie nachhaltig erfolgreich sein können, wenn gegenseitiges Vertrauen nicht gegeben ist. Malik postuliert umso schärfer, dass es keine Motivation geben kann, wenn Vertrauen fehlt.

In seinem pragmatischen Ratgeber „Führen, Leisten, Leben" definiert er die fünf Regeln, wie man Vertrauen schaffen kann:

1. Man muss als Führungskraft „erfolgstolerant" sein:

- Fehler der Mitarbeiter sind in der Regel Fehler des Chefs

- Fehler des Chefs sind Fehler des Chefs

- Erfolge der Mitarbeiter „gehören" den Mitarbeitern

- Erfolge des Chefs sollten „Wir-Erfolge" sein

2. Vertrauen schaffen heißt zunächst: Zuhören

- offene Aufmerksamkeit

- volle Konzentration

- keine Ignoranz

3. Authentizität der Person:

- Integrität

- Ehrlichkeit

- Charakterstärke

4. Führungsstil spielt keine Rolle:

- da es keinen schlüssigen Beweis für den Erfolg eines bestimmten Führungsstils gibt, kann dieser Punkt getrost ignoriert werden

- Anständigkeit ist statt dessen eine Grundanforderung an den persönlichen Stil

5. Entschlossenheit, sich von Intriganten zu trennen:

- Intrigantentum ist Gift für Vertrauen

- das Schädigungspotenzial ist gefährlich groß

Aus naheliegenden Gründen ist neben dem Aufbau einer vertrauensvollen Umgebung die Entwicklungsfähigkeit des Einzelnen ein zentraler Faktor des Führungserfolgs. Insbesondere im Sinne der Kernfunktion des Human Resources Management als zentraler Stelle für das Wissen und die Kompetenz zum Thema Mitarbeiter(weiter)entwicklung bedarf dieser Aspekt besonderer Erwähnung.

Ziel aller auf Entwicklung gerichteten Aktivität im Sinne erfolgreicher Führungsarbeit ist das Menschenbild, welches die betreffende Führungskraft lebt. Führen im Sinne von „Entwickeln" heißt immer, den Mitarbeiter als Menschen und als Individuum zu verstehen, ihn neben aller Statistik auch als Einzelfall zu akzeptieren und seine Eigenarten, Stärken, Schwächen und Fehler zu erkennen. Diese zutiefst menschliche Komponente ist heute im Sinne erfolgreicher Entwicklungsarbeit eine Bedingung für erfolgreiche Führungskräfte, die Erfolg nachhaltig im Gegensatz zu kurzfristig verstehen.

So einfach und einleuchtend diese Forderung auch klingen mag, so schwierig ist sie in der realen Situation umzusetzen. Schließlich drängen Termine, warten andere Aufgaben, vielleicht sogar der eigene Chef. Dennoch die Zeit zu finden für Individualität, für wirkliche Entwicklungsgespräche jenseits des kollektiven Seminarbusiness, dies macht die nachhaltig respektierte und erfolgreiche Führungskraft aus.

An dem folgenden Beispiel, das mir ein englischer Kollege einmal erzählte, wird deutlich, wie schwierig, aber auch wie wichtig und sinnvoll es ist, an der Umsetzung dieses Ziels zu arbeiten:

Mein Kollege arbeitete in einer großen Wirtschaftsprüfungsgesellschaft in London und es war die Zeit der jährlichen Entwicklungsgespräche. Das Gespräch wurde von beiden

Seiten, dem Vorgesetzten und dem zu Beurteilenden, vorbereitet und war lange vorher terminiert. Der Vorgesetzte meines Kollegen hatte das Image eines alten Haudegens, der ewig in der Firma war, den es aber auszeichnete, sich stets um seine Mitarbeiter zu kümmern, wenn er auch extrem viel von ihnen verlangte. Für meinen Kollegen war es das erste Feedbackgespräch bei diesem Vorgesetzten und er hatte sich, da der Alte für seine gerissenen Fragen bekannt war, entsprechend gut vorbereitet. Für das Gespräch war eine Stunde Zeit vorgesehen und es begann pünktlich. Zu dieser Zeit war die Wirtschaftsprüfungsgesellschaft auch mit einem großen Projekt bei der Regierung des Vereinigten Königreichs tätig und zufällig war der Chef meines Kollegen der projektverantwortliche Partner. So geschah es, dass seine Sekretärin aufgeregt in das Büro stürzte, in welchem mein Kollege gerade die erste halbe Stunde seines Entwicklungs- und Feedbackgesprächs überlebt hatte. Ohne Atem zu holen oder um Entschuldigung für die Störung zu bitten, rief sie dem Vorgesetzten meines Freundes zu: „Sir, the Prime Minister, Mrs. Thatcher, is on the phone to speak to you!" Ruhig und ohne sichtliche Aufregung schaute der Angesprochene seine Mitarbeiterin an und sagte: „Would you please tell her that I will call her back. I am in a very important meeting right now. Thank you." Es war nicht das fassungslose Gesicht der treuen Vorzimmerdame, das meinen Freund so nachhaltig faszinierte.

Noch viele Jahre nach diesem Erlebnis berichtete mir mein Kollege von dieser Geschichte, als sei sie gestern passiert. Warum? Sein Vorgesetzter hatte erkannt, dass die Situation dieses Entwicklungsgesprächs für ihn, meinen Freund, eine völlig andere, viel größere Bedeutung hatte als für ihn selbst, der schon hunderte dieser Gespräche geführt hatte. Der Chef hatte erkannt, dass nichts wichtiger ist, als den Mitarbeiter als Individuum mit aller Wertschätzung, die er als Mensch verdient, zu behandeln und er hatte diesen Grundsatz über alle anderen Verpflichtungen gestellt. Auf diese Weise hatte er den unbedingten Respekt, das Vertrauen und natürlich die ehrliche Loyalität seiner Mannschaft. Es war ihm gelungen, ein Klima zu schaffen, das für alle im Bereich arbeitenden Mitarbeiter fördernd und zugleich stabilisierend war.

Der sich andeutende „Paradigmenwechsel" geht heute in die nächste Stufe seiner Entwicklung: Normative Führungsmotive, persönliche Führungsstile, systemische Führungsaspekte sind heute, anders als noch vor weniger als fünf Jahren, nicht mehr zwangsläufig homogen aufeinander bezogen. Auch im Bereich der Führung dominieren heutzutage die paradoxen Anforderungen, mit denen Führungskräfte konfrontiert werden:

- Nähe versus Distanz

- Härte versus Verständnis

- Rationalität versus Emotionalität

- Flexibilisierung versus Stabilität

- Konkurrenz versus Kooperation

- Kontrolle versus Vertrauen

- detaillierte Vorgabe versus gemeinsame Vereinbarung

- Konformität versus Initiative/Kreativität

- Altruismus versus Egoismus

- Macht versus Partnerschaft

- funktionale Autorität versus personale Autorität

- Vorgesetzter versus Coach

- Kurzfristigkeit versus Langfristigkeit

- Zuverlässigkeit/Gewissenhaftigkeit versus Spontaneität

- Verstand versus Gefühl

- Logik versus Intuition

- Fakten versus Werte

Führungskräfte sind von der zunehmenden Komplexität unserer wirtschaftlichen Umwelt und den damit oft einhergehenden Paradoxien in doppeltem Sinne betroffen. Sie müssen nicht nur ihre eigenen Handlungen und Entscheidungen als Manager einer sich immer schneller verändernden Umwelt anpassen, die geprägt ist von zunehmenden Unsicherheiten, Informationsüberflutung und Zeitdruck. Gleichzeitig obliegt ihnen die Aufgabe, ihre Mitarbeiter in gerade dieser Situation zur Mit-Arbeit zu motivieren und zu befähigen.

Wie schon in der Old Economy bedeutet Führung auch in der Wirtschaftswelt des beginnenden 21. Jahrhunderts nach wie vor, gemeinsam mit Mitarbeitern die gesetzten Ziele zu erreichen. Daran hat sich also nichts geändert. Was sich allerdings geändert hat ist die Art und Weise, wie Führung im Arbeitsalltag praktiziert wird. War es in den „uralten Old-Economy-Zeiten" noch der viel zitierte Satz: „Du bist hier nicht zum Denken, sondern zum Arbeiten", der klare Orientierung bot, so heißt es heute: Mitdenken, Eigeninitiative, sich Gedanken machen usw. Das unternehmerische Erfordernis an Partizipation der Mitarbeiter ist heutzutage enorm hoch, will man deren Kompetenzen nutzen.

Allerdings bringt nicht jeder Mitarbeiter die gleichen Voraussetzungen mit; Fähigkeiten und Kenntnisse, persönliche Merkmale und auch Erwartungen und Leistungsbereitschaft unterscheiden sich nicht nur bei einzelnen Personen, sondern auch bei ein und demselben Menschen in Abhängigkeit von Situationen sowie in Abhängigkeit von Veränderungen im Zeitablauf. Ein auf diesen Beobachtungen fußendes Führungsmodell wurde von Hersey und Blanchard schon in den sechziger Jahren entwickelt (Hersey und Blanchard 1969) und erfolgreich als Handlungsleitfaden für die Praxis umgesetzt (Blanchard, Zigarmi und Zigarmi 1995). Aufgrund der ungebrochenen Bedeutung dieses Führungskonzepts soll es an dieser Stelle kurz erläutert und in den Kontext eingeordnet werden.

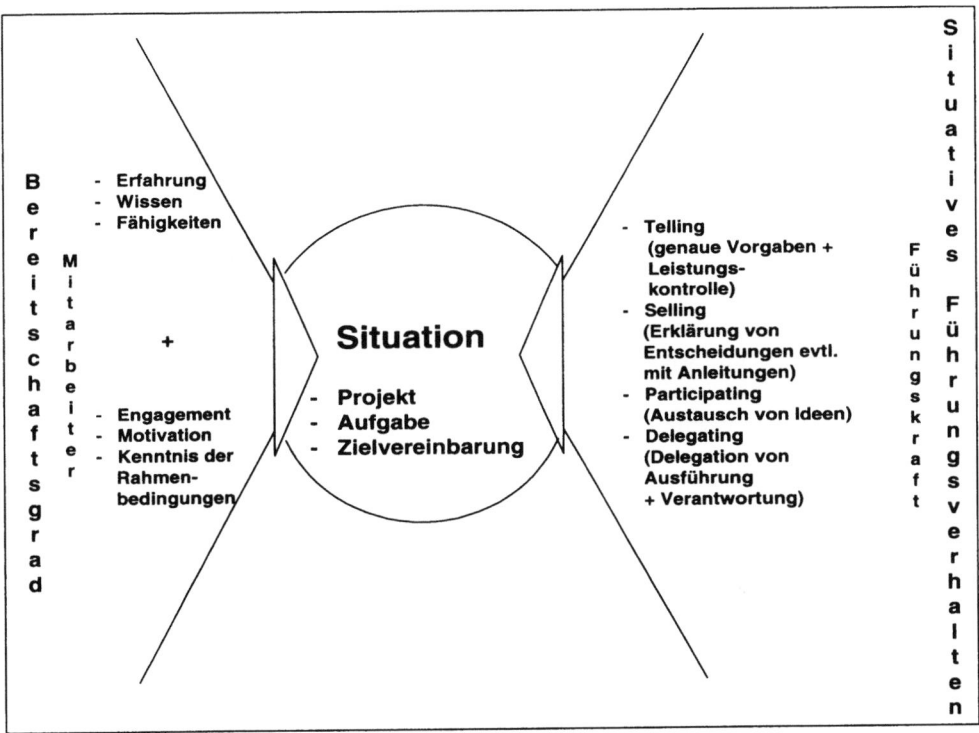

Abbildung 24: Situatives Führen

Das Modell der situativen Führung von Hersey und Blanchard soll Personalverantwortlichen einen Handlungsleitfaden für einen effektiven Führungsstil geben, wobei Effektivität gemessen wird an der Situationsangemessenheit des jeweiligen Führungsverhaltens. Im Mittelpunkt der Überlegungen steht der Mitarbeiter. Seine Fähigkeiten und auch seine Bereitwilligkeit zur Leistungserbringung jeweils bezogen auf konkrete Situationen des Arbeitsalltags determinieren das angemessene Verhalten der Führungskraft. Dies setzt natürlich voraus, dass der Vorgesetzte sich sowohl der

137

relevanten Fähigkeiten als auch der jeweils anzutreffenden Bereitwilligkeit jedes seiner Teammitglieder grundsätzlich bewusst ist und diese Faktoren situationsabhängig beobachtet und richtig diagnostiziert. Knackpunkt für eine erfolgreiche, fortdauernde Anwendung dieser Führungsmethode auch unter sich wandelnden Rahmenparametern ist eine ausreichende Flexibilität der Führungskraft im Führungsverhalten: Sie muss sozusagen einen Handwerkskasten an Führungsstilen mitbringen, der sowohl ganz enge Führung mit Setzung von konkreten Maßgaben und zeitnaher Leistungskontrolle bis hin zur kompletten Delegation von Aufgaben und auch Verantwortlichkeiten zulässt. Dritter Erfolgsfaktor ist die offene Kommunikation des gewählten Führungsstils: Mitarbeiter und Führungskraft einigen sich gemeinsam auf das notwendige und erwünschte Maß an Vorgaben und Unterstützung.

Eine umfassende Reflexionsfähigkeit der Führungskraft befähigt diese, einen möglichst genauen Ist-Soll-Vergleich des Mitarbeiters und der Situation vorzunehmen. Es gilt immer wieder, Mitarbeiter und Führungssituation richtig einzuschätzen, um langfristig Ziele für das Unternehmen zu sichern. Die genaue Diagnose dieser beiden Größen ist der Einstieg für jede gezielte Veränderung. Zudem sollte sich die Führungskraft über ihre eigene gestaltende Rolle in Führungssituationen bewusst sein und ihr eigenes Verhalten in Frage stellen können. Auch hier ist die Diagnosefähigkeit der eigenen Person gefragt im Sinne einer Ist-Soll-Analyse in der konkreten Führungssituation. Abweichungen aus dieser Analyse geben wichtige Hinweise auf ablaufende Handlungsmuster, die gegebenenfalls angepasst werden müssen. Im Fokus der Aufmerksamkeit steht somit die eigene Person mit ihrem Führungsverhalten, der Mitarbeiter und die Situation, in der die Interaktion abläuft.

Gerade die Situationsbezogenheit macht dieses Führungsmodell fit für eine Anwendung in einer sich rasch ändernden wirtschaftlichen Umwelt. Diese Führungsmethode bringt zwei sich verändernde Faktoren zueinander: Zum einen können unterschiedlichste Aufgaben und Projekte jeweils optimal gemanagt werden, gleichzeitig werden Mitarbeiter entlang eines Kontinuums entsprechend ihren Fähigkeiten und ihrer Leistungsbereitschaft gefördert und entwickelt.

Nicht nur die Aufgaben und Projekte wandeln sich heute viel rasanter als noch vor einer Dekade, auch Organisationen passen sich durch sich ändernde Berichtslinien und Organisationseinheiten neuen Anforderungen stetig an, sodass ein Vorgesetztenwechsel heute zur Tagesordnung gehört. Schnell wachsende Organisationen, in denen häufig regionale und funktionale Belange eine vernetzte Struktur noch über die klassische Matrixform hinaus notwendig machen, zeigen zudem häufig das Phänomen der „Dotted-Line", also der indirekten Berichtswege. Manager haben dann nicht mehr die direkte disziplinarische Verantwortung für einen Mitarbeiter, aber müssen dennoch dafür sorgen, dass dieser motiviert und erfolgreich seine Aufgaben erfüllt. Besitzen die Führungskräfte innerhalb einer Organisation allerdings das nötige Handwerkszeug zu situativer Führung im Sinne von Hersey und Blanchard, können sie auch mit solchen Veränderungen und Bedingungen erfolgreich umgehen.

Die Führungskraft steht nunmehr vor der paradoxen Situation, einerseits den Mitarbeitern möglichst viel Verantwortung und Eigeninitiative zu übertragen bzw. zu überlassen, andererseits aber auch das Ganze nicht zum undisziplinierten Chaos werden zu lassen bzw. weiterhin „im Griff" zu haben. Der bekannte Satz Lenin's: „Vertrauen ist gut, Kontrolle ist besser", könnte heute bei einem modernen Manager in etwa wie folgt lauten: „Vertrauen ist gut, Kontrolle ist auch notwendig". Und wie sagte schon Paracelsus: „Es kommt nur auf die richtige Mischung an"! Die grundlegende Frage, die sich jeder Vorgesetzte immer wieder bzw. in jeder Situation erneut stellen muss, ist: „Wie viel Führung ist nötig, wie viel Partizipation ist möglich?"

Man kommt somit zu der „paradoxen" Schlussfolgerung: „Umfassende Partizipation benötigt starke Führung!"

Dieser scheinbare Widerspruch lässt sich leicht auflösen in einem Modell der „kontextuellen Führung": Die Führungskraft gibt den Rahmen vor; das heißt sie legt die Rahmenbedingungen und die Grundregeln („Kontext") fest, innerhalb derer die Mitarbeiter selbständig und eigenverantwortlich entscheiden, auf welchem Weg und mit welchen Mitteln die Ziele am besten zu erreichen sind („Kontent"). Die Mitarbeiter bringen ihre Fähigkeiten und Leistungen „in eigener Regie" ein, um die gewünschten Ergebnisse zu erreichen. Kontextuelle Führung konzentriert sich also auf das aufgabenadäquate Setzen von Rahmenbedingungen und fordert und fördert somit die Selbstorganisation und die Eigenverantwortung der Mitarbeiter.

Selbstorganisation wird zum Dreh- und Angelpunkt moderner Organisations- und Managementtheorien. Selbstorganisation und (traditionelle) Fremdorganisation bzw. moderne Selbstführung und traditionelle (Fremd-)Führung ergänzen sich und lassen sich als die zwei Seiten derselben Medaille verstehen. Durch kontextuelle Führung entsteht quasi der Aktionsraum, innerhalb dessen selbstorganisierende Prozesse möglich sind. Waren Ziel und Zweck traditioneller (Fremd-)Führung vor allem Sicherheit, Planbarkeit, Regelmäßigkeit und Voraussagbarkeit, so sind dies bei moderner (Selbst-)Führung insbesondere Flexibilität, Veränderung, Innovation, Kreativität, Entwicklung, Früherkennung, proaktive und interaktive Gestaltung. Die neuen Strukturen in modernen Unternehmen lassen ehemals klare Grenzen zwischen Vorgesetzten und Mitarbeitern verschwimmen. Zunehmend werden auf Projekt- oder Teambasis zeitweilige Vorgesetztenbeziehungen (Team-, Projektleiter etc.) etabliert und nach Projektende wieder aufgelöst. Dies ist in mehrfacher Hinsicht schwierig für Führer und Geführten, da Unklarheiten in den Rollenzuschreibungen an der Tagesordnung sind.

Des Weiteren muss die Führungskraft in solch dynamischen Strukturen stets aufs Neue beweisen, dass sie ihren Führungsanspruch „verdient". Der automatische Aufstieg als Führungskraft ist längst passé. Führungsfähigkeit ist heute ein Standardelement zeitgemäßer Beurteilung. Die stetige Verfeinerung der „Sensoren" in heutigen Organisationen ist weniger auf einen Prozess abstrakter Einsicht, als auf eine Reaktion auf gewandelte Notwendigkeiten und ebenso auf die Erkenntnis, dass gute Führung ein probates Mittel zu höherer organisatorischer Effizienz und Effektivität bzw. Professionalität darstellt, zurückzuführen. Eben diese Kausalität, die letztlich so wenig überraschend ist, dass es verwundert, dass Jahrzehnte lang die Lehre von der allumfassenden starken Führungskraft das Nonplusultra sinnvollen Führungshandelns war, lässt sich erst im praktischen Führungshandeln dieser Tage immer häufiger entdecken. Dass damit eine stete Überprüfung zwischen Führungsanspruch und Wirklichkeit stattfindet, ist dabei selbstverständlich.

Eine weitere Problematik ist die ständige Vermischung von fest in Unternehmen angestellten Mitarbeitern, freiberuflich tätigen Dienstleistern sowie Mitarbeitern von Fremdfirmen, die nahezu ständig im Unternehmen sind. Diese Gruppen mischen sich stets in Projektteams und sind erheblich schwerer zu steuern als klar begrenzte Gruppen von festangestellten Mitarbeitern. Gerade in der Balance zwischen Kontrollnotwendigkeit und benötigten Freiheitsgraden liegt hierbei eine erneute (paradoxe) Anforderung an die moderne Führungskraft. Bis hin zu rechtlichen Konsequenzen unterscheiden sich zum Beispiel Freiberufler und Festangestellte signifikant. Disziplinarische Eingriffe – auch alltäglicher Art – gestalten sich grundsätzlich unterschiedlich. Folgt man dem Szenario, das voraussieht, dass die Anzahl der „Fremdmitarbeiter" in Unternehmen (zum Beispiel Freiberufler, die für wechselnde Arbeitgeber tätig sind und Mitarbeiter von Zulieferern, die temporär in Projektteams eingesetzt werden) in den nächsten Jahren stark zunimmt, dann müssen zeitgemäße Führungskonzepte diesen Trend abbilden bzw. ihm gerecht werden können.

Im Rahmen kontextueller Führung vergrößert sich somit der Handlungsspielraum des einzelnen Mitarbeiters erheblich. Differenziert man diesen Handlungsspielraum in die drei Komponenten

- Tätigkeitsspielraum,

- Entscheidungs- und Verantwortungsspielraum,

- Interaktionsspielraum,

so lässt sich dieser Zusammenhang anschaulich als Würfel darstellen.

Die Pfeile an den jeweiligen Achsen machen deutlich, dass sich alle drei Komponenten vergrößern: Zum ersten wird die Arbeitstätigkeit des einzelnen Mitarbeiters dadurch angereichert, dass er nun mehr Aufgaben übernimmt, die bislang die Führungskraft

140

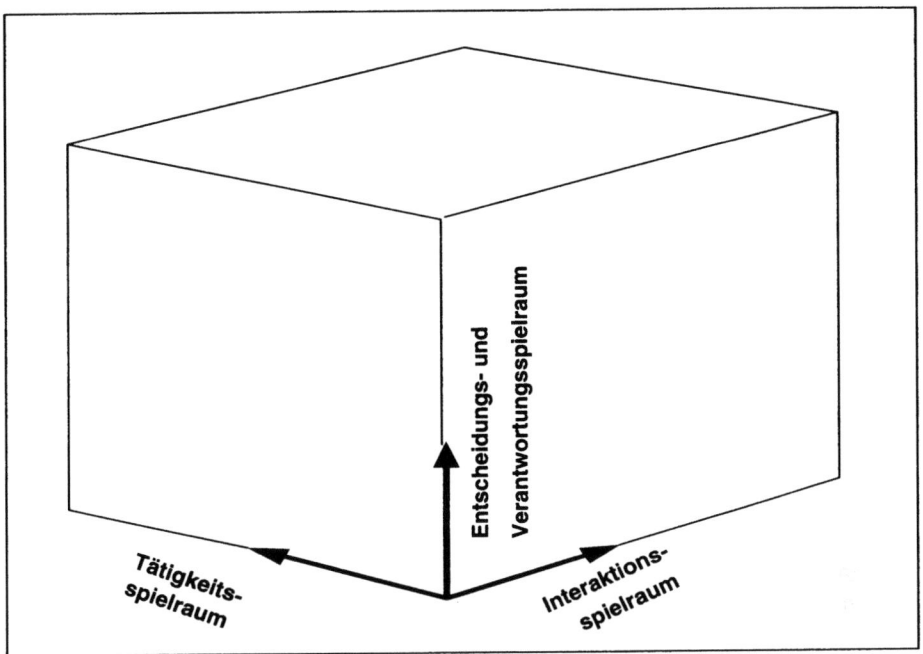

Abbildung 25: Das Handlungsspielraummodell

erledigt hat. Zum zweiten verfügt der Mitarbeiter über deutlich mehr Entscheidungsmöglichkeiten; er entscheidet autonom, auf welchen Wegen und mit welchen Mitteln die vereinbarten Ergebnisse am besten erreicht werden können. Gleichzeitig übernimmt er für diese Entscheidungen auch die entsprechende Verantwortung, was von dem einen als Chance und Vertrauen(-sbeweis), von dem anderen als Risiko und Belastung empfunden werden kann. Dies macht die Zweideutigkeit des Prinzips Verantwortung deutlich: von dem einen wird sie als Lust, von dem anderen als Last empfunden. Und zum dritten kommuniziert und interagiert der Mitarbeiter im Rahmen der Aufgabenerfüllung mit wesentlich mehr Personen.

Die Rolle der Führungskraft verändert sich grundlegend. Durch die Steigerung der Autonomie der Mitarbeiter verringert sich zugleich die Notwendigkeit einer detaillierten Steuerung. Die Führungskraft gibt beispielsweise nicht mehr direkte Anweisungen, wie bestimmte Aufgaben zu erledigen sind; sie kontrolliert auch nicht mehr die einzelnen Schritte im Arbeitsprozess. Stattdessen definiert sie nunmehr in Absprache mit den Mitarbeitern Produktivitäts-, Qualitäts- und Terminziele und kontrolliert deren Erreichung.

Von grundsätzlicher Bedeutung ist hierfür, dass eine klare Struktur für die Entscheidungskompetenzen und die Entscheidungsfindung besteht; das heißt, es muss klar geregelt sein, wer entscheidet bzw. wer entscheidet, wer was zu entscheiden und wer was zu verantworten hat. Die Mitarbeiter müssen wissen, dass sie die Entscheidungen, die ihren eigenen Aufgaben- und Verantwortungsbereich betreffen, wirksam beeinflussen können. Diese Einbindung der Mitarbeiter kann aber nur dann wirklich gelingen, wenn die Führungskräfte willens sind, die Mitarbeiter einzubinden und an wichtigen Entscheidungen zu beteiligen. Es muss täglich neu ein entsprechender Ausgleich zwischen (Fremd-)Führung und Mitarbeiterbeteiligung gefunden werden; immer wieder muss sich die Führungskraft die grundlegende Frage stellen: „Wie viel Führung ist nötig – wie viel Beteiligung ist möglich"?

Ein wichtiges Führungsinstrument ist in diesem Zusammenhang die Zielvereinbarung. Die Führungskraft vereinbart mit ihren Mitarbeitern spezifische, messbare, anspruchsvolle, realistische und terminlich klar fixierte Ziele. Durch ein unternehmensweites Zielsystem, das Schritt für Schritt auf die einzelnen Ebenen bzw. auf die einzelnen Mitarbeiter heruntergebrochen wird, können die einzelnen Einheiten koordiniert werden. Die untergeordneten (Teil-)Ziele sind jeweils mit den übergeordneten Gesamtzielen abzustimmen; die Ziele der übergeordneten Einheit begrenzen dabei den Handlungs- und Entscheidungsspielraum der untergeordneten Einheit.

Zielvereinbarungen bzw. Gespräche über Ziele machen, wenn sie regelmäßig stattfinden, Führung ein Stück weit plan- und überprüfbar. Ziele definieren Ergebnisse, sind vorweggenommene Resultate, bieten Orientierung, fungieren als „Leitplanken" des eigenen Handelns. Ziele machen deutlich, was das Unternehmen erreichen will und welchen Beitrag die einzelnen Mitarbeiter hierzu leisten. Ziele fördern die unternehmensweite Konzentration auf das Wesentliche und bündeln die Kräfte. Zielvereinbarungen müssen regelmäßig durchgeführt, regelmäßig überprüft und kritisch reflektiert werden. Regelmäßige Feedback-Prozesse zeigen dem Mitarbeiter, ob er auf dem richtigen Kurs liegt oder ob Korrekturen notwendig sind. Die Auswertung muss stets mit den Mitarbeitern gemeinsam geschehen, die resultierenden Ergebnisse bilden wieder die Grundlage für weitere Zielvereinbarungen.

„Zielvereinbarungen sind sinnvollerweise ein zeitlich nach vorne gerichtetes Führungsinstrument. Sie dienen der Bündelung der Energien, dienen der Leistungsentstehung. Sie sind erst nachrangig zur nach hinten gerichteten Erfolgsbewertung heranzuziehen" (Sprenger 1997). Zielvereinbarungsgespräche sind stets auch Beratungsgespräche, die auch die Person bzw. die Persönlichkeit des Mitarbeiters einschließen. Führung mittels Zielvereinbarungen ist somit auch eine Personalentwicklungsmaßnahme. Eine durch gegenseitige Wertschätzung und Partnerschaft geprägte Beziehung zwischen Führungskräften und Mitarbeitern erlaubt eine offene und konstruktive Auseinandersetzung. Nur so ist Führung als ein kontinuierlicher Optimierungs- und Verbesserungsprozess möglich.

Klar formulierte, gemeinsam abgesprochene und regelmäßig überprüfte Zielvereinbarungen dienen zumeist als ein wichtiger Bestandteil der Leistungsbeurteilung der Mitarbeiter. Zielvereinbarungen beschränken sich vorwiegend auf die Frage, welche Aufgaben in welchen Zeiträumen zu erledigen sind, also was wann zu tun ist. In seiner Aufgabe als Führungskraft hat der personalverantwortliche Vorgesetzte auch das „wie" der Aufgabenwahrnehmung zu kontrollieren und zu steuern. Ein Performance-Management-System, das sowohl Zielvereinbarungen als auch Leistungsbeurteilungen als integrierte Systembestandteile nutzt, verfolgt gleichzeitig die Ziele, klare Aufgabenverantwortung sicherzustellen und auch dafür Sorge zu tragen, dass die Menschen in der Organisation die nötige Unterstützung erhalten, diese Ziele auch zu erreichen.

Um die Komponenten Dialog und Kommunikation als notwendige Voraussetzungen eines solchen Performance-Management-Systems zu unterstützen, werden heute verschiedene Modelle in der Praxis angewandt, die Feedbackschleifen zwischen verschiedenen Hierarchiestufen und Teams ermöglichen. Beispiele sind das 360°-Feedbacksystem oder auch Leistungsbeurteilungskomponenten, die zwischen Peer Groups durchgeführt werden. Entscheidend für den Erfolg eines solchen Systems ist die perfekte Abstimmung seiner einzelnen Bestandteile. Ist die Zielformulierung und die Ausgestaltung der Verantwortungsspielräume nicht klar definiert, wird eine mögliche Beurteilungsrunde schon an den verschiedenen nicht abgestimmten Erwartungen scheitern.

Im Rahmen kontextueller Führung ergibt sich für den Vorgesetzten durch die Kompetenzverlagerung ein gewisses Maß an zusätzlicher Unsicherheit und Ungewissheit. Denn es entstehen „kontrollfreie Räume" bzw. Kontrolllücken, die von dem Vorgesetzten nicht mehr direkt, sondern nur noch indirekt kontrolliert werden können. Der Vorgesetzte kann also lediglich geeignete Rahmenbedingungen schaffen und so seine Mitarbeiter und deren Arbeit steuern; er kann aber nicht mehr ohne weiteres direkt in den Arbeitsablauf eingreifen.

Damit dieser Kontrollverlust – und damit einhergehend auch Machtverlust – von der Führungskraft überhaupt akzeptiert werden kann, ist sowohl ein starkes Vertrauensverhältnis zwischen ihr und den Mitarbeitern als auch ein breiter Konsens über die Ausgestaltung der kontrollfreien Räume grundlegend. Kon-sens bedeutet im eigentlichen Wortlaut „gemeinsamer Sinn". Dieser Konsens bzw. gemeinsame Sinn ergibt sich insbesondere aus wechselseitigen Kommunikationsprozessen, an denen idealiter alle Betroffenen gleichberechtigt beteiligt sind und gleiche Chancen haben. Im Modell kontextueller (Fremd- und Selbst-)Führung verhalten sich also auch Kontrolle und Konsensus wie die zwei Seiten derselben Medaille.

Führungskräfte sind nunmehr gefordert, die ökonomischen, kulturellen und politischen Rahmenbedingungen oder, anders ausgedrückt, die infrastrukturellen Voraussetzungen zu schaffen, die eine optimale Entfaltung von Selbstorganisationspotenzialen ermöglichen: „Leadership is not so much the exercise of power itself as the empowerment of others", formulierten Bennis und Nanus schon 1985 (Bennis und Nanus 1985).

Gleichwohl haben Führungskräfte ebenso dafür zu sorgen, dass gleichzeitig mit der Kultivierung von Selbstorganisationspotenzialen die oft relativ autonomen Bereiche und Gruppen zusammengefügt und -gehalten werden, damit sie ihre Arbeiten aufeinander abstimmen und miteinander kompatibel machen können. Dies hat notwendigerweise zur Folge, dass die Spielregeln und Rahmenbedingungen von Selbstorganisation zugleich auch Grenzen bilden, damit Prozesse und Entwicklungen nicht chaotisch verlaufen, sondern ziel- und problemabhängig eine gemeinsame produktive Orientierung besitzen. Eine der wichtigsten Aufgaben von Führungskräften ist es, das nach wie vor „prekäre Verhältnis" zwischen Selbst- und Fremdorganisation bzw. zwischen Selbst- und Fremdführung auszubalancieren und ein harmonisches Gleichgewicht zu finden.

Angesichts aller dieser neuen Anforderungen sieht das Anforderungsprofil einer modernen Führungskraft in etwa wie folgt aus. Sie muss

- Komplexität akzeptieren

- Paradoxien managen

- gängige Standards hinterfragen

- quer und vernetzt denken

- offen für Veränderungen sein

- stets kreativ bei der Suche nach Besserem sein

- ein Team Player sein

- Teamarbeit fordern und fördern

- mit den Mitarbeitern intensiv kommunizieren

- den Mitarbeitern Verantwortung übertragen

- gemeinsam mit den Mitarbeitern Lösungen finden und Entscheidungen treffen

- unterschiedliche Meinungen als Chance sehen

- zum Konsens bereit sein

- die Mitarbeiter beraten, motivieren und fördern

- Bedürfnisse, Erwartungen und Probleme der Mitarbeiter erkennen

144

- den Mitarbeitern Vertrauen schenken

- Leistung honorieren.

Die Vielzahl der teilweise paradoxen Aufgaben und Rollen der Führungskraft setzt nicht nur die Erfüllung dieses an sich schon komplexen Anforderungsprofils voraus, sondern an erster Stelle auch eine Identifikation mit der eigenen Rolle. Denn der Sprung vom Mitarbeiter zur Führungskraft bringt nicht nur veränderte Aufgaben und Verantwortungen mit sich, sondern auch eine andere Rolle in der Organisation. Neue Handlungsspielräume gehen einher nicht nur mit in der Regel höherer Verantwortung, sondern auch mit einer neuen Form der Verantwortung: nämlich der für den beruflichen Lebensbereich anderer Menschen. Dieser Umstand bringt eine neue Paradoxie mit sich: Auf der einen Seite sieht der Mitarbeiter seinen Vorgesetzten oft als „Personifizierung des Unternehmens" an, gleichzeitig ist der Aktionsspielraum der Führungskraft eingeschränkt oder es müssen sogar unternehmerische Entscheidungen umgesetzt werden, die von der Führungskraft in dieser Form nicht mitgetragen, aber dennoch realisiert werden müssen.

Ein Beispiel ist die in diesem Jahr zu beobachtende Entlassungswelle in vielen Unternehmen der Telekommunikationsindustrie. Während über die letzten fünf Jahre das mögliche Wachstum nicht zuletzt aufgrund personeller Engpässe – so wurde zumindest argumentiert – niemals schnell genug vollzogen werden konnte, sind viele Mitarbeiter in sehr jungen Jahren, gerechnet sowohl in Lebensjahren als auch in Berufsjahren, in Führungspositionen mehr hineingerutscht als -gewachsen. Sicher verfügen diese frisch gebackenen Führungskräfte über viele Faktoren des oben beschriebenen Anforderungsprofils. Nur war selten Zeit, sich tatsächlich über die neue Rolle klar zu werden oder gar eine Abwägung zu treffen, ob die Übernahme von Führungsverantwortung tatsächlich den eigenen Karrierezielen entspricht. Als Konsequenz lässt sich häufig beobachten, dass gerade junge, unerfahrene Führungskräfte die Nähe zum Team suchen und versuchen, die Distanz zwischen Mitarbeiter einerseits und Führungskraft als Teil des Managementteams der Organisation andererseits so gering wie möglich zu halten.

Dieses Verhalten ist in Zeiten des Wachstums, in denen in erster Linie positive Änderungen zu verkünden und umzusetzen sind, auch durchaus praktikabel. Spätestens wenn die Budgets kleiner werden oder – wie jetzt zu beobachten – sogar Personal entlassen werden muss, fällt die Illusion in sich zusammen, immer noch ein Teammitglied sozusagen mit erweiterten Befugnissen zu sein. Die Folge ist einerseits ein komplett unprofessioneller Umgang mit den sachlichen Aufgaben, in diesem Falle den vorzunehmenden Entlassungen. Kündigungen erfolgen per E-mail; Gesprächen mit den Betroffenen wird möglichst aus dem Weg gegangen, eine Kommunikation mit den verbleibenden Mitarbeitern findet nicht statt. Dieses Verhalten beruht nicht allein auf mangelnder Erfahrung und Unwissenheit, sondern in erster Linie auf der fehlenden

Auseinandersetzung der Führungskraft mit ihrer Rolle in der Organisation und ihrer entsprechenden Akzeptanz.

Die veränderten Rahmenbedingungen in Unternehmen haben zum Infragestellen der alten Ordnung geführt, deren wichtigstes Merkmal die hierarchische Organisationsform nach klaren formalen Prinzipien ist. Tom Peters (1993) vertrat in den neunziger Jahren die These, dass es eines „Chief Demolition Officer (CDO)" bedarf, der – sobald Strukturen drohen, starr und unbeweglich zu werden – mit höchster Macht des CEO (Chief Executive Officer) diese Struktur zu zerschlagen habe. Auch wenn sich diese radikale Ansicht nicht durchgesetzt hat, so ist doch das Infragestellen etablierter Muster und Prozesse zu einer Hauptaufgabe der modernen Führungskraft geworden.

Somit kommt der Führungskraft von heute eine wesentlich weiter gefasste Gestaltungsaufgabe zu. Sie ist neben der Ausformung ihres direkten Handlungs-spielraums im Sinne der unmittelbaren Führungsaufgabe auch für die Rahmen-bedingungen stets mitverantwortlich. Eine Ignoranz im Sinne klassischer „Nicht-Zuständigkeit" ist nicht mehr denkbar. Rahmenfaktoren, die beispielsweise das System der Organisation selbst betreffen, werden direkt auf das Führungshandeln bezogen. Sicherlich ist das graduell von Unternehmen zu Unternehmen unterschiedlich und sicherlich ist auch die Ausführung von der Ebene der Führungskraft abhängig.

Dadurch lässt sich als grundsätzlicher Trend festhalten, dass die Gestaltungsrolle der Führungskraft zunehmend eine Kommunikationsrolle geworden ist. So stellen Konzepte von der Einbindung von Mitarbeitern aller Ebenen, wie sie in vielen modern geführten Organisationen üblich sind, weitere entsprechende Rollenanforderungen an die Führungskraft. Entscheidungen sind dabei nicht nur hinzunehmen, sondern konstruktiv zu kommunizieren und zu diskutieren. Die Führungskraft wird damit entscheidender Kommunikationsknotenpunkt im Unternehmen.

Ein zusätzlicher, nicht zu unterschätzender Einflussfaktor, der auf die Führungskraft einwirkt, ist der Mitarbeiter selbst. So kann dieser gerade bei einem stark wechselseitig kooperativen Führungsstil großen Einfluss auf die Erledigung gemeinsamer Aufgaben nehmen. Die Einflussnahme verläuft in diesem Fall nicht nur in eine Richtung (von oben nach unten), sondern ist auch in umgekehrter Form denkbar. Dies kann in Form von Informationssammlung, Selektion und Koordination stattfinden, die entweder von der Führungskraft gefordert oder vom Mitarbeiter selbst initiiert und gestaltet wird. Sicher-lich bedarf diese Form der Einflussnahme gegenseitiger Akzeptanz und Vertrauens. Der Handlungsspielraum des Mitarbeiters wird somit erheblich vergrößert, sodass ihm sogar eine beratende Funktion zugeschrieben werden kann. Grundsätzlich gilt aber, dass die Führungskraft die Entscheidung über das Maß an Einflussnahme des Mitarbeiters selbst trifft und inwieweit sie diese akzeptiert, fordert und fördert.

Eine weitere spezifische Rollenerwartung an „Change Leader" ist in den letzten Jahren zunehmend zu immer zentralerer Bedeutung gelangt: Die Führungskraft als Coach! Im

Rahmen dieser neu hinzu kommenden Aufgabe werden Führungskräfte zu Begleitern, Beratern, Förderern, Trainern. Führung wird zur Dienstleistung, die Führungskraft zum Dienstleister, die die „Geführten" in die Lage bringt, selbständig, eigenverantwortlich und erfolgreich zu handeln. Die Mitarbeiter werden zu Kunden ihrer Vorgesetzten.

Der Begriff „Coaching", der seit etwa Ende der achtziger Jahre in Deutschland in der Diskussion ist, hat im Laufe der Zeit eine erhebliche Differenzierung erfahren. Während er zunächst eine sehr personennahe Beratung von Top-Managern in vertraulichen Vier-Augen-Gesprächen durch einen externen Berater meinte, wird er mittlerweile auf nahezu alle Mitarbeiter bezogen, denen ihre Führungskräfte in irgend einer Form „zur Seite stehen".

Im Coaching, so wie es heute überwiegend verstanden und praktiziert wird, geht es um die Reflexion der eigenen Rolle, die Bearbeitung schwieriger Führungs- und Arbeitssituationen, die Weiterentwicklung der Persönlichkeit, die Klärung konkreter Probleme und möglicherweise um die Überprüfung der eigenen Karriere- und Lebensplanung. Die Führungskraft muss in der Lage sein, den „Coachingbedarf" ihrer Mitarbeiter zu erkennen und bei Bedarf zum Coach ihrer Mitarbeiter zu werden bzw. diese zu coachen. In ihrer Rolle als Coach wird die Führungskraft je nach Situation zum Feedback-Geber, Katalysator, Verhaltenstrainer, Change Agent, Sparringspartner, Lernbegleiter, Vertrauensperson usw. Sie ist ein kritischer Partner, der die Entwicklung seiner Mitarbeiter begleitet und unterstützt. Sie löst Prozesse aus, die letztlich die Optimierung der Potenziale ihrer Mitarbeiter fordern und fördern.

Picot, Reichwald und Wigand (2001) beschreiben diese neue Rolle sehr anschaulich: „Die sich aus derartigen neuen Formen der Personalführung ergebenden Anforderungen an die Manager erstrecken sich im wesentlichen auf die Bereiche soziale und kommunikative Fähigkeiten, Integrationsfähigkeit, Verhandlungsgeschick und Fähigkeiten zur Vertrauensbildung. Die Entwicklung und Ausschöpfung der Mitarbeiterpotentiale hängt letztlich in entscheidendem Maße von den Fähigkeiten des Management ab. Die neuen Formen der Personalführung werden damit zu einem wesentlichen Leitbild neuer Innovationsstrategien."

Noch deutlicher wird die neue Qualität des Coaching im Ansatz von Kim und Mauborgne (1998), die erfolgreiches Innovationsmanagement und Wissens- bzw. Knowledge-Management als Folge von Fairness und rücksichtsvollem Verhalten der

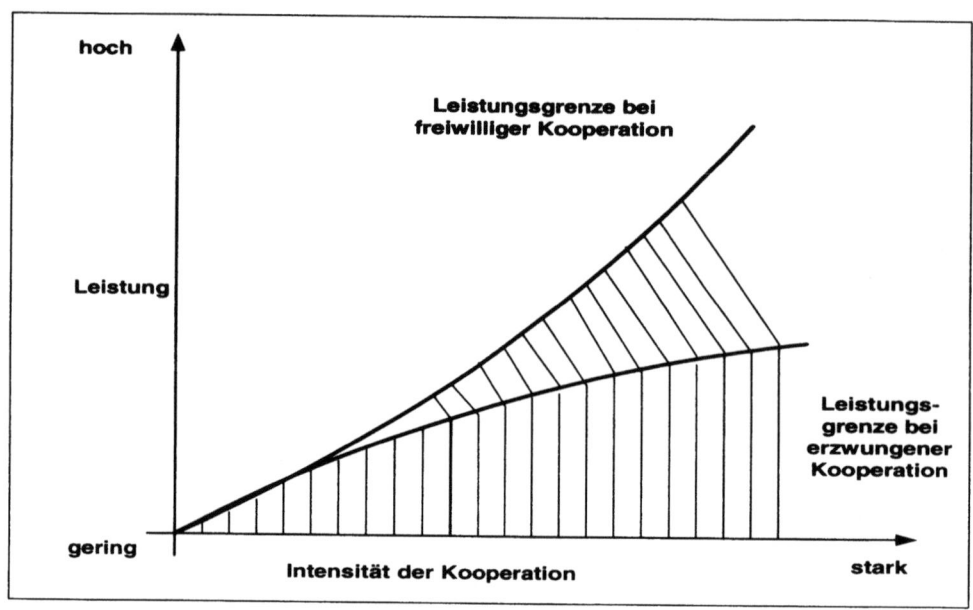

Abbildung 26: Zwei Wege zur komplementären Leistung (nach Kim und Mauborgne 1998)

Vorgesetzten gegenüber Mitarbeitern postulieren: „Führen Manager (dagegen) offen und kooperativ, fassen Mitarbeiter Vertrauen zu ihrer Führung, geizen nicht länger mit Ideen und legen sich richtig ins Zeug. Für Unternehmen ein Segen – denn was könnte sie teurer zu stehen kommen als Ideen, die niemals ans Licht treten und als Initiativen, die nie ergriffen werden."

Das überzeugende Statement der Autoren ist ein klares Eintreten für „prozessuale statt ausgleichende Gerechtigkeit". Es ist die Gewissheit und der Nachweis, dass faires, entgegenkommendes Vorgehen auf der Basis von Vertrauen zur Freiwilligkeit und engagierter Mitarbeit führt, statt in die Sackgasse der „erzwungenen Mitarbeit". Sie stellen diesen unterschiedlichen Modellen einen Vergleich der Leistungsgrenzen gegenüber, der für jeden nachvollziehbar macht, warum eine Führungskraft als Coach heutzutage unverzichtbar ist.

Dieser Vergleich macht nochmals deutlich, wie bedeutsam die „klimaschaffende" Funktion der Führungskraft ist. Ein wesentlicher Bereich dieser Funktion ist die Schaffung, Erhaltung und Steigerung von Mitarbeitermotivation. Dieses Thema ist jedoch so alt und so vielfältig wie die Führungstheorien selbst und wird daher hier nur in einigen ausgewählten Facetten dargestellt werden. Ausgehend von der altbekannten Maslow'schen Bedürfnispyramide kann die Führungskraft auf zwei Ebenen den Grad der

148

Motivation ihrer Mitarbeiter beeinflussen. Während der Führungsstil in seinen vielen Facetten die Ziele der Selbstverwirklichung über das Maß an Mitbestimmung, Eigenverantwortlichkeit und Gestaltungsfreiheit determiniert, werden die gewöhnlich als „Selbstverwirklichung" umschriebenen Bedürfnisse wie Status und Prestige stark über monetäre Anreize gesteuert. Dabei sollen nicht zum wiederholten Male motivationale Grundlagen oder Spielregeln thematisiert werden, sondern allein der Aspekt der Mitarbeiterbeteiligungsmodelle als ein Bereich moderner Motivationsschaffung exemplarisch dargestellt werden:

Bei vielen Unternehmen werden fähige Mitarbeiter geworben bzw. motiviert durch etwa „Family-and-friends" und „Stock-Options" Programme". Obwohl Mitarbeiterbeteiligungen durch teilweise herbe Kursrückgänge in letzter Zeit an Attraktivität eingebüßt haben, sind sie dennoch nach wie vor sinnvoll, wenn sie richtig eingesetzt werden.

- Mitarbeiterbeteiligungen dürfen kein Ersatz für eine angemessene Grundvergütung sein.

- Neben Mitarbeiterbeteiligungen müssen auch andere Instrumente zur Bindung und Motivation zum Zuge kommen wie leistungsorientierte Boni, systematische Förderungspläne, eine erträgliche Arbeitsbelastung, ein angenehmes Betriebsklima usw.

- Mitarbeiterbeteiligungen müssen an individuelle Zielvereinbarungen bzw. -vorgaben gekoppelt sein.

- Mitarbeiterbeteiligungen müssen auch langfristig wirksam sein. Verdienen Mitarbeiter in kurzer Zeit viel Geld, kann das zur Demotivation beitragen, genauso wenn Mitarbeiter wenig Geld verdienen.

Ohne Zweifel können Mitarbeiterbeteiligungen unabhängig von ihrer spezifischen Ausgestaltung zu erhöter Motivation durch Identifikation mit der Organisation sowie dementsprechend auch zu größerer Bindung an den Arbeitsplatz führen. Allerdings sind auch mögliche negative Implikationen zu bedenken, die durchaus die erwünschten Ziele überkompensieren können.

So ist grundsätzlich zu beachten, dass Mitarbeiterbeteiligungen eben deshalb motivierend wirken, weil der Einzelne über seinen Beitrag zum Unternehmenserfolg auch direkt am selbigen partizipieren kann. Das setzt aber gleichzeitig die grundsätzliche Anwendung eines entsprechenden partizipativen Führungsstils in der Gesamtorganisation voraus, da ansonsten das Gefühl der Beteiligung am Unternehmenserfolg schon im Keim erstickt wird.

Wie bei allen monetären Steuerungselementen ist es zudem außerordentlich wichtig, dass Natur und Struktur der Mitarbeiterbeteiligungen sowie ihre Vergaberichtlinien offen kommuniziert werden. Auch Entscheidungen zur individuellen Ausgestaltung müssen dem Betreffenden klar sein, bevor die erwartete zusätzliche Motivation wegen ausbleibenden Managements von Erwartungen in Frustration umschlägt.

Gerade erfolgreiche Unternehmen der „Dot.Com-Industrie" sahen sich in den letzten Jahren vermehrt mit dem Problem konfrontiert, wie denn Mitarbeiter noch zu motivieren seien, die aufgrund realisierter Mitarbeiterbeteiligungen schon lange Millionäre sind und daher dem kompletten monetären Motivationsinstrumentarium gegenüber nicht mehr aufgeschlossen. Hier ist das Instrument so „erfolgreich" angewendet worden, dass es sich selbst obsolet gemacht hat. Stattdessen sehen sich Führungskräfte der schwierigen Situation gegenüber, solche Mitarbeiter über neue Wege zu motivieren, für die monetäre Anreize lange Zeit zumindest ein wichtiger Baustein ihrer Leistungsbereitschaft waren.

Zu guter Letzt ergibt sich durch den in jüngerer Vergangenheit zu beobachtenden Kursverfall an den Wertpapierbörsen noch ein weiterer unschöner Nebeneffekt: Nicht zuletzt auf den höheren Managementebenen finden sich oft Mitarbeiter, die über große Aktien- oder Optionspakete verfügen, die zur Zeit allerdings nahezu wertlos sind. Gerade wenn die innere Kündigung schon erfolgt ist, mag dies im schlimmsten Fall dazu beitragen, dass dieser Personenkreis die Organisation eben nicht verlässt mit möglicherweise fatalen Konsequenzen für die Gesamtorganisation.

Führung, so wird deutlich, ist längst keine Auswahl persönlicher oder personalisierter Attribute mehr. Führung ist auch dem erweiterten Ansatz der normativen Steuerung längst entwachsen. Führung ist heute im Zeitalter neuer Ökonomie das Balancieren sich ständig verändernder Anforderungen, die an Paradoxität zunehmen. Des Weiteren ist es der Transfer dieser Anforderungen für die „Geführten", das Herunterbrechen auf individualisierte Ziele, die Spielraum und Förderung zulassen, jedoch soviel Orientierung vorgeben, dass das nötige Maß an Sicherheit gewährleistet ist. Führung ist heute komplexer und anspruchsvoller als jemals zuvor. Führung ist aber auch – wenn sie entsprechend eingesetzt funktioniert – wichtiger als jemals zuvor in der Geschichte der Ökonomie!

150

Literaturverzeichnis

BENNIS, W.G./NANUS, B.: Leaders: the strategies for taking charge, New York 1985.

BERTH, R.: Aufbruch zur Überlegenheit, Düsseldorf 1994.

BLANCHARD, K./ZIGARMI, P./ZIGARMI, D.: Der Minuten-Manager: Führungs-stile. Wirkungsvolleres Management durch situationsbezogene Menschenführung, Hamburg 1995.

BUCHHORN, E./MÜLLER, H./RICKENS, C.: Die Internet-Lüge, in: Manager Magazin, Heft 8, 2001.

COMELLI, G./VON ROSENSTIEL, L.: Führung durch Motivation, München 1995.

DAHMEN, C.: Key Strategies to Transition the HR Function, Arthur Andersen, HR Director, 2000.

DE GEUS, A.P.: Planning as Learning, in: Harvard Business Review, Vol. 66, No. 2, 1988.

DOPPLER, K./LAUTERBURG, C.: Change Management, 5. Auflage, Frankfurt/ New York 1996.

GASSERT, H./PRECHTL, M./ZAHN, E. (Hg.): Innovative Dienstleistungspartner-schaften, Stuttgart 1998.

GIDDENS, A.: Jenseits von Links und Rechts, Frankfurt 1997.

GOEUDEVERT, D.: Vorwort, in: LAZLO, E./ LAZLO, C./ LIECHTENSTEIN, A. V.: Evolutionäres Management. Globale Handlungskonzepte, Fulda 1992.

HAMMER, M./CHAMPY, J.: Business Reengineering, 2. Auflage, Frankfurt 1994.

HERSEY, P./BLANCHARD, K. H.: Life Cycle Theory of Leadership, in: Training and Development Journal, Vol. 23, 1969.

HERSEY, P./BLANCHARD, K. H.: Management of Organizational Behavior, 6. Auflage, Englewood Cliffs, NJ, 1993.

HOHN, M.: Die Zukunft der Bildung, in: Süddeutsche Zeitung, Nr. 25, 31. Jan./01. Febr. 1998.

KAPLAN, R. S./NORTON, D. P.: Balanced Scorecard: Strategien erfolgreich umsetzen, dt. Übersetzung von Peter Horvath, Stuttgart 1997.

KAPLAN, R. S./NORTON, D. P.: The Balanced Scorecard: Translating Strategy into Action, Boston 1996.

KAWASAKI, G.: Gesetze für Revolutionäre, München 1999.

KERRES, M.: Multimediale und telemediale Lernumgebungen. Konzeption und Entwicklung, 2. Auflage, München 2001.

KIM, C. W./MAUBORGNE, R.: Warum rücksichtsvolle Chefs erfolgreicher sind, in: Harvard Business Manager 1/1998.

KNÖCHEL, C. D./SCHREIBER, L.: Das System des Management-Appraisals bei Merck, in: Personalführung, Heft 2/1998.

KRÄHE, H./KOEPPE, K.: Kommunikationstraining und Persönlichkeitsentwicklung, in: VOSS, B. (Hg.), Kommunikations- und Verhaltenstrainings, Göttingen 1995.

KRAINZ, E. E.: Veränderung in Organisationen, in: GROSSMANN, R./ KRAINZ, E.E./ OSWALD, M. (Hg.), Veränderung in Organisationen, Wiesbaden 1995.

KÜHL, S.: Wenn die Affen den Zoo regieren, Frankfurt/ New York 1994.

LITTMANN, P./JANSEN, S. A.: Oszillodox, Stuttgart 2000.

LUHMANN, N.: Organisation, in: Küppers, W./ Ortmann, G. (Hg.), Mikropolitik. Rationalität, Macht und Spiele in Organisationen, Opladen 1988.

LUHMANN, N.: Vertrauen. Ein Mechanismus der Reduktion sozialer Komplexität, Stuttgart 1973.

MAAS, P./SCHÜLLER, A./STRASMANN, J.: Beratung von Organisationen, Stuttgart 1992.

MALIK, F.: Führen, Leisten, Leben. Wirksames Management für eine neue Zeit, Stuttgart 2000.

MENTZEL, W.: Unternehmenssicherung durch Personalentwicklung, 7. Auflage, Freiburg 1997.

PETERS, T.: Jenseits der Hierarchien, Liberation Management, München 1993.

PICOT, A./REICHWALD, A./WIGAND, R.T.: Die grenzenlose Unternehmung, Wiesbaden 2001.

PROBST, G. J. B./SCHEUSS, R. W.: Resultat von Organisieren und Selbstorganisation, in: Zeitschrift für Organisation, Heft 8, S. 480 ff.

PROBST, G. J. B.: Soziale Institutionen als selbstorganisierende, entwicklungsfähige Systeme, in: BAUER, L./ MATIS, H. (Hg.), Evolution - Organisation - Management. Zur Entwicklung und Selbststeuerung komplexer Systeme, Berlin, S. 145 ff.

REIß, M./VON ROSENSTIEL, L./LANZ, A. (Hg.): Change Management, Stuttgart 1997.

RIEKER, J./RISCH, S.: Ein trauriges Kapitel, in: Manager Magazin, Heft 6, 1994.

SCHÜLLER, A./ SCHLANGE, L.: Komplexität und Managementpraxis, Stuttgart 1994.

SIMON, H.A.: The Psychology of Thinking, in: The Sciences of the Artificial, Glouchester 1984.

SPRENGER, R.: Das Prinzip Selbstverantwortung, Stuttgart 1997.

STRASMANN, J./SCHÜLLER, A.: Kernkompetenzen. Was Unternehmen wirklich erfolgreich macht, Stuttgart 1996.

STRASMANN, J.: Entwicklungen von und in Organisationen und deren Bedeutung für eine Humanisierung der Arbeit durch Qualitätszirkel, Frankfurt a. M. 1995.

STREBEL, P. (Hg.): Focused Energy, Wiley, Chichester, NewYork 2000.

TAPSCOTT, D.: Net Kids, Wiesbaden 1998.

TÖPFER, A.: Corporate Universities als Intellectual Capital, in: Die Personalwirtschaft, 26. Jg., Heft 7, 1999.

VIRILIO, P.: Fluchtgeschwindigkeit, München 1996.

VOGEL, M.: Die "Svenska-Kugellagerfabriken", Produktdivision Gleitlager – Gemeinsame Visionen müssen erarbeitet werden, in: Bernhard, M. G./Hoffschröer, S. (Hg.), Report Balanced Scorecard, Düsseldorf 2001.

VON MYTHENMETZ, H.: Didaktische Konzepte in der Nachtschule, Wien 1976

WÄCHTER, H.: Vom Personalwesen zum Strategic Human Resource Management, in: STAEHLE. W. H./CONRAD, P. (Hg.), Managementforschung 2, Berlin u.a. 1992.

WATERMAN, R. H.: Leistung durch Innovation: Strategien zur unternehmerischen Zukunftssicherung, Hamburg 1998.

WEICK, K. E.: Der Prozess des Organisierens, Frankfurt a. M. 1985.

WENDERS, W.: Einmal, Frankfurt a. M. 1994.

WIENDIECK, G.: Arbeits- und Organisationspsychologie, Hagen 1994.

WOTTAWA, H./GLUMINSKI, I.: Psychologische Theorien für Unternehmen, Göttingen 1995.

WUNDERER, R.: Führung und Zusammenarbeit, Neuwied 2000.

Abbildungsverzeichnis

Die Autoren

Gabriele Hauer, geb. 1967, Dipl.-Volkswirt sozialwissenschaftlicher Richtung 1993, Dr. rer. pol. 1998, beide in Köln, mehrjähriger Aufenthalt in Sydney, Australien, 1996 Chief Representative Asset Management WestLB Sydney Branch, 1999 Manager Human Resources und 2000 Director Human Resources bei UUNET Deutschland GmbH, 2001 zusätzlich Director Human Resources der Muttergesellschaft MCI WorldCom für Deutschland und Südafrika.

Arbeits- und Forschungsschwerpunkte: Personalmanagement, Personalauswahl und -entwicklung, Performance Management Systeme, Führungskonzepte, Coaching und Moderation

Anschrift: Carl-Zöllig-Str. 46, 40882 Ratingen.

Achim Schüller, geb. 1962, Dipl.-Psych. 1988, Dr. rer. pol. 1991, beide in Köln, 1988 wissenschaftlicher Mitarbeiter am Institut für Wirtschafts- und Sozialpsychologie der Universität zu Köln, Projektleiter für Personal- und Organisationsentwicklung bei der GeWA mbh, Köln. 1992 Leiter des Personalwesens und u. a. zuständig für Personal- und Organisationsentwicklung bei der KPMG Deutsche Treuhand Gesellschaft in Düsseldorf. 1995 Director Human Resources Europe und 2000 Global Director Operations and Professional Development bei A.T. Kearney Management Cosultants. 2001 Director für Human Resources, Organisational Development, Corporate Communications und Marketing bei der access AG, Köln.

Arbeits- und Forschungsschwerpunkte: Personalmanagement, Management-, Entwicklungs- und Bewertungssysteme, europäische Managementkonzepte, Internationalisierung des Human Resource Management sowie neue Konzeptionen des Dienstleistungsmarketing.

Mitherausgeber der Bücher: Beratung von Organisationen, Komplexität und Managementpraxis, Kernkompetenzen; zahlreiche Veröffentlichungen zu verschiedenen Praxisthemen. Lehraufträge an der Fachhochschule für öffentliche Verwaltung von Nordrhein-Westfalen und an der Fachhochschule Niederrhein.

Anschrift: Im Buscher Feld 21, 41189 Mönchengladbach.

Jochen Strasmann, geb. 1952, Dipl.-Ökonom, M.A., Dr. rer. Oec., 1980-1983 Tätigkeit im Personalbereich der Wilhelm Huckenbeck KG, Remscheid, 1983-1990 wissenschaftlicher Mitarbeiter am Institut für Wirtschafts- und Sozialpsychologie der Universität zu Köln, 1983-1985 Personaltrainer der ABIS-Unternehmensberatung, Köln, 1985-1993 Projektleiter der GeWA mbH, Köln, seit 1993 Inhaber der T/O/P-Unternehmensberatung, Remscheid.

Arbeits- und Forschungsschwerpunkte: Teamentwicklung, Kommunikations- und Konfliktmanagement, Moderations- und Präsentationstechniken, Einzel- und Team-coaching, Change-Management, Management-Entwicklungs- und Bewertungssysteme, Outdoor-Training.

Mitherausgeber der Bücher: Beratung von Organisationen; Kernkompetenzen; Das Outdoor-Seminar in der betrieblichen Praxis; Methodensammlung für Trainerinnen und Trainer; zahlreiche Veröffentlichungen zu verschiedenen Praxisthemen. Lehraufträge im Fachbereich Erziehungswissenschaften der Heinrich-Heine-Universität Düsseldorf.

Anschrift: Höhenweg 84, 42897 Remscheid.